W0201705

Saheta S. Weik
Drachinnengesänge

Neuauflage 1999, Christel Göttert Verlag, Rüsselsheim
2. Auflage 1993, Feministischer Buchverlag, Wiesbaden
1. Auflage 1991, Feministischer Buchverlag, Wiesbaden
Umschlagzeichnung: Kima Andrea Truzenberger, Bremen

ISBN: 3-922499-38-4

Saheta S. Weik

Drachinnengesänge

Geschichten aus dem Leben der Drachin Ruach

mit Zeichnungen von
Kima Andrea Truzenberger

Christel
Göttert
Verlag

Inhaltsverzeichnis

Ruachs Leben im Land ihrer Kindheit

Ruach war eine junge Drachin, genauer gesagt: ein Drachenmädchen von der Sorte der fliegenden Glücksdrachen. Da den Drachen die Flügel erst mit der Drachenerfahrung wachsen, waren ihre noch recht klein und sie flog damit auch noch ziemlich unbeholfen durch die Lüfte. Doch heruntergefallen war sie bis jetzt noch nie. So kurvte sie in der Luft herum, startete von Hügeln und mittelhohen Felsen. Sie wartete noch mit den Drachenflügen von den hohen Bergspitzen aus.

Sie machte überhaupt nur das, wozu sie Lust hatte. Sprühte ab und zu mal einen Feuerregen, übte Feuerspucken in Spiralen und in Rot, Grün und Gelb. Das ist nämlich nicht so schwierig. Richtig erfahrene Drachen können in allen beliebigen Farben Feuer spucken. Am schwierigsten ist Rosa und Hellblau, und das können meist nur die ganz alten Drachengroßmütter.

Ruach spielte viel für sich, denn auf ihrer Erdhalbkugel wohnten außer ihrer Mutter und ihr keine anderen feuerspeienden Glücksdrachen. Da sie es nicht anders gewöhnt war, vermißte sie auch weiter gar keine Drachengesellschaft. Sie war trotzdem nicht allein, denn in dem Wald, in dem ihre Höhle lag, lebten viele andere Tiere, mit denen sie sich angefreundet hatte.

Ihre Mutter hatte oft sehr Wichtiges zu tun. Dann

flog sie weit weg, manchmal bis zu einem anderen Kontinent und kam oft tagelang nicht wieder. Aber wenn sie da war, hatten sie vergnügte Zeiten miteinander, machten Drachenspäße, sangen Drachenlieder, spuckten Feuer im Duett und aßen riesige Mengen Drachenfutter. Oft buk Ruach in ihrer Drachenhöhle Kuchen, bis die Mutter von ihren Reisen zurückkehrte. Da waren haufenweise leckere Drachenzutaten drin wie Holzkohle, scharfer Pfeffer, glühende Eisenstückchen, kleine Kristalle, rotleuchtende Rubine und natürlich Nüsse und Mandeln und Rosinen und Schokoladenstückchen. Der Kuchen wurde am Schluß in den beißenden Rauch übers Feuer gehängt und noch kochendheiß gegessen, denn so schmeckte er ihnen am besten.

Ihre Drachenhöhle war groß. Sie reichte weit in den Berg hinein. Am Ende der Höhle war eine Ausbuchtung, in der ein großer Haufen Schätze lagen, die die Drachen hüteten. Woher diese kamen und für wen sie sein sollten, das wußte die junge Drachin nicht. Sie waren schon immer da gewesen und ihre Mutter hatte ihr gesagt:

„Die hat schon meine Großmutter gehütet und deren Großmutter auch schon. Vor langer Zeit wurden sie uns in Gewahr gegeben. Wir hüten sie so lange, bis diejenigen, für die sie bestimmt sind, zu uns kommen. Wenn ich weg bin, mußt du gut darauf aufpassen. Du kannst ruhig mit ihnen spielen, wenn du willst. Funkelnde Kristalle und schimmernde Edelsteine sind das richtige Spielzeug für eine junge Glücksdrachin."

So holte Ruach, wenn sie vom Fliegen und Feuerspucken genug hatte, die Schätze aus der hinteren

Ecke der Höhle und legte sie in einem großen Kreis um sich herum auf die Erde. In die Mitte legte sie den größten Kristall. Dann machte sie ein loderndes Feuer und ließ seinen Schein in den Steinen spielen. Sonst sahen die Steine, wenn sie in ihrer Ecke lagen, eher matt aus. Doch im Feuerschein fingen sie an zu funkeln und zu leuchten und wurden lebendig. Ruach kam es vor, als könnten sie viele Geschichten erzählen, Geschichten aus längst vergangener Zeit; manchmal schien es ihr, als würden Bilder in ihnen aufblitzen, die sie nicht ganz genau erkennen konnte – und doch sah sie ihnen immer wieder voller Spannung zu. Sie reimte sich dabei selbst Geschichten zusammen, die die Steine einst erlebt und gesehen haben könnten. Das letzte Mal, als sie mit den Steinen spielte, hatte der große Kristall in der Mitte besonders gestrahlt, und als sie ihn dann in die Hand genommen und sich in Gedanken gefragt hatte, wo er wohl herkäme, füllte sich der Kristall mit einem feinen Nebel. Kurz darauf tauchte ein klares Bild in ihm auf: Es zeigte einen großen Berg, der aus dem Meer aufragte und in seinem Innern war ein helles Licht.

Ruach wurde mit einem Schlag so aufgeregt, daß sie richtig ein bißchen zu zittern anfing. Sie hatte dem Stein eine Frage gestellt, und er hatte sie ihr beantwortet! Sie wagte es kaum zu glauben. Hatte sie richtig gesehen? Sie versuchte es noch einmal. Dieses Mal fragte sie ganz klar und deutlich: „Stein, Stein sage mir, wo ist die Mutter – weit von hier?" Und dann wartete sie mit angehaltenem Atem. Tatsächlich: Der Nebel füllte wieder den Kristall, um sich dann kurz darauf wieder aufzulösen und ein klares Bild freizugeben.

Im Spiegel des Kristalls flog Ruachs Mutter übers schäumende, wilde Meer auf Ruach zu. Ganz genau konnte sie deren grünschillernde Flügel erkennen, und fast meinte sie das Drachenlied zu hören, das sie auf ihren Flügen sang.

Vor lauter Freude über ihre neue Entdeckung pustete sie einen rot-grünen Funkenregen über den Kristall und die Spielsteine und tanzte um sie herum. Jetzt wußte sie ja, daß die Mutter zu ihr unterwegs war. Sogleich holte sie die Drachenkuchenzutaten aus der Ecke und fing an zu backen. Diesmal sollte ein dampfender, rauchiger, kochendheißer Kuchen schon zu ihrem Empfang bereitstehen. Sie stellte sich Mutters erstauntes Gesicht vor, wenn sie ihr diese Neuigkeiten über den Schatzstein erzählen würde.

Als dann die Mutter ein paar Stunden später vor der Höhle landete, stürmte Ruach sofort hinaus und empfing sie mit einem Redeschwall, ohne sie auf die sonst übliche Drachenart zu begrüßen. „Hallo, Liebes", meinte Ruachs Mutter und blies ihr ihren Schwefelatem um die Nase – so heißen sich die Drachen nämlich willkommen. „Du bist ja aufgeregt, Drachentöchterchen, komm, laß uns uns gemütlich in die Höhle legen. Ich bin reichlich müde von der Reise und kann etwas Feuerhitze gebrauchen!" stöhnte sie. Drinnen ließ sie sich dann direkt neben dem Feuer auf den Boden fallen. „Was, der Kuchen ist schon fertig?" rief sie verblüfft, „du wußtest doch gar nicht, daß ich heute schon kommen würde. Ich hatte doch heute früh erst entschieden, mich gleich hierher auf den Weg zu machen und nicht mehr über die griechischen Inseln zu fliegen", wunderte sie sich und machte sich sogleich über den dampfenden Kuchen her. „Hmm", sagte sie, nach Drachenart laut schmatzend, „dein Kuchen ist aber wieder lecker geworden. Ruach, du bist doch die beste Drachenkuchenbäckerin der nördlichen Halbkugel!"

Ruach nahm sich, hungrig, wie sie nach der Aufregung nun war, auch ein großes glühendes Stück und erzählte, mit vollen Backen kauend: „Das war's doch, was ich dir unbedingt erzählen wollte. Ich hab' nämlich mit den Schatzsteinen gespielt, und dabei entdeckt, daß der große Kristall da in der Mitte so weise ist, daß er Fragen beantworten kann, die ich ihm stelle. Ich hatte gefragt, wo du seiest, und er hat mir dich auf dem Heimweg gezeigt. Du bist direkt auf mich zugeflogen, in Richtung Norden. Wußtest du denn, daß der Stein das kann?"

Mutter kaute nachdenklich vor sich hin. Erst als sie ihr Kuchenstück ganz aufgegessen hatte, antwortete sie: „Wenn ich jetzt so darüber nachdenke, erinnere ich mich daran, daß meine Großmutter damals, als ich noch ein Kind war, mit meiner Mutter über die Steine geredet hat. Ich muß sehr klein gewesen sein damals – ich hatte jedenfalls nur so kleine Flügel wie ein Schmetterling, daran erinnere ich mich – und ich habe genau so gerne wie du mit den glänzenden Steinen gespielt. Großmutter sah sehr ernst aus, als sie Mutter erzählte, daß die Steine früher zum Schauen verwendet worden seien, dem Schauen in die Ferne, in die Vergangenheit und die Zukunft. Aber dies sei ein Geheimnis sagte sie, soweit ich mich erinnere, und daß es Mutter niemandem weiter erzählen solle. Ich glaube, sie meinte, es sei vielleicht besser, dieses

Geheimnis würde vergessen, bis diejenigen kämen, für die die Steine bestimmt seien und die sie wieder richtig anwenden könnten. Die Steine seien nämlich für einen schlechten Zweck gebraucht worden und deshalb wurden sie den Drachen in Gewahr gegeben. So richtig verstanden habe ich das damals alles nicht; aber so ungefähr kann es gewesen sein.

Nun hast du es also wiederentdeckt, das Geheimnis der Steine, Ruach. Aber sei vorsichtig damit! Achte die Steine und frage nur, wenn du etwas ganz Wichtiges auf dem Herzen hast. Und auch nur dann, wenn du glaubst, die Antwort verkraften zu können. Manchmal ist es auch besser, nicht alles zu wissen, was kommen wird." „Aber Mutter, ich habe doch nur danach gefragt, was war und was ist. Ich wußte nicht, daß der Kristall auch die Zukunft zeigen kann", meinte Ruach erstaunt.

„Ach, dann hab' ich dir jetzt doch ein Geheimnis verraten", meinte Mutter, „und eines, das ich selbst schon beinahe vergessen hatte."

Ruach betrachtete den Kristall, der neben dem Feuer lag. Er sah wieder aus wie ein ganz normaler Bergkristall, nicht wie ein sprechender Stein.

Eines Tages würde sie ihm vielleicht wieder eine Frage stellen. Aber sie nahm sich vor, nur dann zu fragen, wenn es etwas ganz Wichtiges wäre. Nach allem, was Mutter erzählt hatte, mußte er sehr alt und weise sein. Sie schaute ihn nochmal ehrfurchtsvoll an, bevor sie sich Mutter zuwandte: „Ich bin ja so neugierig, was du diesmal alles auf deiner Reise erlebt hast. Ich kann es immer kaum erwarten, bis du wieder kommst und mir davon erzählst." So berichtete Mutter ausführlich von ihrer Reise, wie immer, wenn sie weg gewesen war.

„Ich hab' ein paar ordentliche Stürme gemacht und dabei ein paar Seeleute erschreckt, aber nicht ernsthaft", sagte sie, „und dann hab' ich die Meeresdrachinnen Skylla und Charybdis getroffen. Wir sehen uns ja öfters, auch neben den jährlichen Drachenversammlungen, tauschen Erfahrungen aus, sie als Meeresdrachinnen, ich als feuerspeiende Glücksdrachin. Sie beklagen sich darüber, daß sie schon seit längerem als Meeresungeheuer verschrieen sind, wobei sie früher doch immer den Seeleuten geholfen haben, den Weg zu finden und ihnen auch sonst Rat gegeben haben. Natürlich machen sie manchmal, wie alle Drachen, ein paar nette Stürme, aber das gehört doch dazu", meinte sie, „ein Leben ohne Stürme wäre ja wirklich langweilig. Allerdings haben sie auch öfters diejenigen, die in einem schlechten Auftrag unterwegs waren, recht kräftig durcheinandergeschüttelt. Und jetzt reden alle nur schlecht über sie. Ach", seufzte sie, „keine einfache Zeit für Drachen. Aber wir dürfen nicht aufgeben. Es wird auch wieder anders werden für uns Luft-, Feuer-, Meeres- und Erddrachen und für die Sphinxen, geflügelten Löwen und was sonst noch alles zu unserer weiteren Verwandtschaft gehört. Ja, Skylla und Charybdis waren recht traurig diesmal; aber am Schluß haben wir noch ein großes Abschiedsfest gemacht. Skylla und Charybdis haben das Meer ordentlich aufgewühlt. Schaumkronen können die machen, das sag' ich dir! Ich habe meine besten Donner und Blitze dazugegeben. Das Mittelmeer hat schon lange nicht mehr einen so schönen

Sturm gesehen", fauchte sie zufrieden, und damit ihre Tochter es sich auch richtig vorstellen konnte, ließ sie noch ein paar kräftige Blitze und ein paar laute Donnerschläge durch die Höhle fahren. Ruach hielt sich die Ohren zu: „Mutter, mußt du denn hier drin immer so einen Höllenlärm machen. Wir Drachen haben zwar dicke Trommelfelle, aber wie oft meines deinen Krach noch aushalten wird ...?" „Entschuldige, Töchterchen", sagte die Drachenmutter und blitzte nur noch einen kleinen zarten Blitz zu ihrer Tochter hin, ganz ohne Donner.

„Wann darf ich eigentlich endlich mal mit auf deine großen Drachendienstreisen?" fragte Ruach und murrte dann: „immer zu Hause hocken ..." „Ja, zuerst mußt du noch ein bißchen fliegen üben, und außerdem mußt du erst zur Drachenfrau werden und deine Drachenausbildung bekommen." „Und wann ist das denn soweit?" fragte Ruach ungeduldig. „Ich glaube, so lange wird das gar nicht mehr dauern; warten wir's mal ab", meinte ihre Mutter.

Wie Ruach zur Drachenfrau wird

Drei Tage danach war Ruach in einer ganz eigenartigen Stimmung, sie war sozusagen schlechter Laune. Bei jedem nur leicht ungeduldigen Ton ihrer Mutter brach sie sogleich in Tränen aus. Außerdem konnte sie keinen Moment stillsitzen, sondern rannte die ganze Zeit herum, sammelte Riesenmengen Brennholz, zog unzählige Baumstämme aus dem Wald zur Höhle und fing danach noch an, Flugübungen zu machen: Im Kreis fliegen, Sturzflüge und beim Fliegen feuerspucken. Das übte sie in der für Drachen einfachsten Farbe, nämlich in Rot. Sie war völlig erschöpft, als sie sich dann endlich auf die Erde warf. Denn Feuerspucken und Fliegen gleichzeitig ist ganz schön anstrengend für ein Drachenmädchen mit Drachenmädchenflügeln. Jetzt erst nahm sie sich die Zeit, in sich hineinzufühlen, und meinte dann: „Drachenmutter, irgendwas ist los mit mir. Ich bin überhaupt nicht guter Stimmung, sehe alles so schwarz. Dann mach' ich dauernd Sachen, die mir eigentlich zu anstrengend sind, und außerdem hab' ich so ein Ziehen im Bauch. Es tut nicht richtig weh, aber es ist ein seltsames Gefühl, das ich sonst nicht kenne."

Bevor ihre Mutter ihr antworten konnte, fühlte Ruach etwas Warmes zwischen ihren Beinen hervorquellen, und mit einem lauten „Platsch" tropfte ein roter großer Bluttropfen aus ihr auf die Erde.

„Dein Mondblut", lachte die Drachenmutter, „da ist es! Juhu", brüllte sie, „juhu, ihr Luftgeister und ihr Feuergeister, meine Tochter Ruach ist zur Drachenfrau geworden! Hört ihr's, ihr Erdgnome und Wassernixen!", rief sie laut in alle vier Winde, „juhu, ihr Feuerdrachen und Meeresdrachen nah und fern, eine neue Drachenfrau kommt in unseren Drachenkreis! Habt ihr's gehört? Ruachs Mondblut fließt, juhu", brüllte sie noch einmal. Ruach schien es, als würde die Erde unter ihren Füßen zu beben anfangen. Es kam ein Sturm auf, der die Bäume schüttelte, die Vögel flogen laut kreischend durch die Luft, von weither war ein Donner zu hören und auf der anderen Seite blitzte es am Horizont. Danach vereinigten sich die Winde zu einem kleinen Wirbelsturm, mit dem sie vor Ruachs Füßen die Blätter im Kreis tanzen ließen. Das Wasser mußte natürlich auch etwas zu der Neuigkeit sagen und ließ einen kurzen, heftigen Platzregen auf die zwei Drachinnen niederprasseln, so daß es auf deren heißen Schuppen zischte und dampfte. „Danke, für die Abkühlung", rief Ruach dem Regen zu, „danke für die stürmischen Glückwünsche", schrie sie den Winden zu, „danke Erde", sagte sie und hauchte die Erde mit ihrem Schwefelatem an, worauf sich vor ihr ein kleiner Spalt auftat, auf dessen Grund ein blutroter Stein glänzte. Ruach nahm ihn an sich und betrachtete ihn. Dann tauchte sie ihn in ihre Blutpfütze unter sich, die gerade anfing, sich in einen Blutbach zu verwandeln, und steckte ihn dann vorne ans Herz hinter einer ihrer Schuppen, da, wo sie auch sonst immer die Dinge aufbewahrte, die sie hier und da fand.

„Bevor dein Blut bis zum Roten Meer geflossen ist, müssen wir aber feiern. Die Menschen werden sich wundern über den neuen roten Fluß", grinste die Mutter. „Und weißt du, wer dahinten geblitzt hat? Das war deine Großmutter auf der anderen Halbkugel. Sie hat tatsächlich einen Blitz bis hierher geschafft. Sie ist die stärkste Drachin, die ich kenne. Du wirst zu ihr in die Lehre gehen; sie wird dich in die Drachenkünste einweihen."

„Oh, je, da muß ich ja weg von dir", meinte Ruach und wurde bei der Vorstellung etwas blaß, genauer gesagt, hellgrün im Gesicht. „Ja, das mußt du dann", meinte die Mutter mit etwas trauriger Stimme, „aber du kommst ja wieder, und dann können wir zusammen reisen. Vorher aber mußt du noch lernen, und das kannst du am besten von deiner Drachengroßmutter. Außerdem sind deine Cousinen und andere junge Drachinnen bei ihr, und so kommst du auch mal ein bißchen unter Drachen."

„So, aber jetzt ans Festmahl", sagte sie dann, „ich koche, und du sagst allen Bescheid: den Schlangen, den Eidechsen, den Eichhörnchen, den Vögeln und allen, die hier so leben".

Bald waren viele Tiere des Waldes versammelt. Es gab für alle etwas Leckeres und natürlich Nachtisch hinterher. Sie waren vergnügt, lachten viel, erzählten, und zwischendurch wurden Lieder für Ruach gesungen und Gedichte aufgesagt. Die kleine Maus, die bei ihnen in der Höhle wohnte und auch gerne Drachenkuchen aß – hauptsächlich die Rosinen und Schokoladenstückchen – und die gerne dichtete, piepste: „Drachen bringen Weisheit, Drachen bringen Glück. Und eines Tages kommt Ruach wieder zu uns zurück!" Jedesmal wurde kräftig gejohlt, geklatscht und gezwitschert, wenn eines der Tiere etwas zum Besten gegeben hatte. Später am Abend tanzten alle in einem großen Kreis ums Feuer. Die Schlangen tranken zwischendurch etwas vom Drachengebräu, das die Drachenmutter aus Schwefel, geschmolzenen Lavastückchen und allerlei scharfen Gewürzen gebraut hatte. Es stieg ihnen so gewaltig in die Köpfe, daß sie anfingen, Schlangentänze in der Mitte des Kreises vorzuführen. Die Falkin krächzte: „Ich vergifte mich doch nicht!", und nippte nur von dem extra für die Vögel bereitgestellten Wildrosenwasser. Die Spinnen tanzten auf dem Rücken der Drachinnen mit. Und ganz am Schluß – bevor sie gingen – tauchte jedes Tier eine Pfote, eine Feder, einen Schwanz oder gar die Nase in Ruachs Mondblut. Denn das wußten alle: Drachenblut macht stark, bringt Glück und langes Leben.

Am nächsten Tag standen die Drachin und ihre Drachenmutter erst mittags auf. Diesen Tag und die Tage darauf verbrachten sie ruhig miteinander. Sie erzählten, saßen am Feuer, gingen spazieren bis hinunter zum großen Fluß, lagen dort am Ufer in der Sonne und schauten ins Wasser. Die Mutter erzählte Ruach, wie sie damals zur Drachenfrau geworden war und was sie in ihrer Ausbildungszeit alles erlebt hatte. Zwischendurch redeten sie gar nicht, sondern schwiegen zusammen, sahen in die ruhige Strömung, und Ruach fühlte sich dabei so gut, wie schon lange nicht mehr. Ihr Drachenbauch war ganz warm und weich, als sei er voller flauschiger Wolken, die sich sanft darin bewegten. Nur ab und zu krampfte sich etwas in ihrem Bauch zusammen, und es tat ihr weh. Mutter meinte: „Dies ist all die Kraft, die in deinem Bauch aufgegangen ist, jetzt, da du Drachenfrau geworden bist. Falls du Schmerzen hast, versuche, dahinter die Kraft zu fühlen." Und sie gab ihr den Rat: „Leg' dich auf die großen warmen Steine und schicke deinen Atem in deinen Bauch. Dann nimm dir die Zeit, alles zu träumen, was an Bildern aus dir aufsteigen will: über dich selbst, über die Kraft, die nun die deine ist und über das, was kommen wird und was du dir für dein Leben wünschst. Die Zeit des Mondblutes ist die beste Zeit, um nach innen zu hören, um Bilder aus dir lebendig werden zu lassen, um dich deinem eigenen inneren Schwingen ganz zu überlassen. Das Blut kommt immer wieder, um dich so an die Drachenfrauenkraft zu erinnern und um dieser zu helfen, aus dir zu fließen und zu wirken. Es können Tage der Weisheit sein, der Einsichten. Du weißt plötzlich, was gut für dich ist."

Ruach verstand nicht alles, was Mutter sagte. Doch trotzdem wurde sie ganz glücklich übers Drachenfraudasein und das fließende Blut. Ganz leicht fühlte sie sich, und Freiheit breitete sich in ihrem Bauch aus, die unzählige kleine Funken von Hoffnung gebar. Die Zukunft ängstigte sie nun gar nicht mehr. Im Gegenteil. Während sie den leise fließenden Wellen zusah, spann sie Träume darüber, was sie als Drachenfrau alles tun würde. Sie malte sich aus, was für weite Reisen mit starken, kräftigen Drachenfrauflügeln sie unternehmen würde; in ferne Länder würde sie reisen und fremde Tiere kennenlernen, von denen sie bis jetzt nur aus Erzählungen gehört hatte. Affen, Elefanten und Giraffen würde sie dort treffen, ganz besonders wohlschmeckende Früchte essen, und, was das Aufregendste wäre, anderen Drachinnen begegnen.

Die ganze Zeit, während sie am Träumen war, tropften dunkelrote große Bluttropfen aus ihr hervor und bildeten große Drachenblutlachen, die langsam von der Erde aufgesogen wurden.

Sie erzählte ihrer Mutter, daß es so aussähe, als würde die Erde ihr Blut trinken. „Ja, du hast recht", meinte diese. „Die Erde liebt unser Mondblut und nicht nur unseres, sondern das aller Frauen. Sie sieht es als ein Geschenk, das ihr hilft, zu heilen; und sie weiß, es ist entstanden aus der Verbindung ihrer eigenen Kraft und der der Mondfrau – ihrer Vertrauten und Schwester seit langer Zeit – die ihre Meere steigen und sinken läßt, die Säfte in den Pflanzen und in uns fließen läßt und alles in ihrem Rhythmus wiegt."

Ruach sah lange auf den Fluß, in dem sich die Wellen wiegten, und als sie dann die Augen schloß, fühlte auch sie sich sanft gewiegt von den weichen Wellen, die aus ihrem Bauch aufstiegen und durch sie hindurchwogten bis hinunter in ihre Fußspitzen und bis hinauf in ihre Drachenohren und Flügelspitzen. Sie fühlte den Wellen nach, wie sie eine nach der anderen aus der Mitte ihres Bauches kullerten und jedesmal einen großen Tropfen Blut mit nach außen nahmen. Überall in ihrem Körper strömte und rieselte es, und die Geräusche des fließenden Wassers im Ohr, fühlte sie sich dem Fluß verwandt. Auch dem großen Meer fühlte sie sich verwandt, in das der Fluß mündete. Verwandt fühlte sie sich den Bäumen, in deren Adern helles Blut floß, und genauso den Blumen, die am Fuße der Bäume wuchsen.

Sie setzte sich auf ihre Hinterbeine und bewegte ihren Körper leicht hin und her. Dabei fing sie leise an zu singen in dem Rhythmus des Lebens in ihr und um sie herum.

Als sie die Augen öffnete, war es schon dunkel geworden. Vor sich sah sie die klare, zarte Sichel der neuen Mondin, die sich leuchtend vor dem nachtblauen Himmel abzeichnete. Sie war gerade dabei unterzugehen. Ruach lächelte und sang lauter, um sie zu grüßen. Mit den feinen Strahlen, die von ihr kamen, nahm sie Hoffnung in sich auf, und in ihr formten sich Worte, die sie zur Mondfrau sang:

„Wiege mich durchs Leben, Mond.
Web' mich ein in deine Strahlen,
hüll' weich ein mich in dein Licht.

Wiege mich durchs Leben, Mond.
Nimm mich mit in deine Kreise,
zeig' mir, wie ich wachsen kann.

Wiege mich durchs Leben, Mond", sang sie immer wieder, sie sang es so lange, bis die Mondfrau untergegangen war – und ihre Mutter sang leise mit.

Das Geschenk des Ringes und die Überraschung im Kristall

In der Zeit, die danach kam, begleitete sie der Gedanke an den Abschied. Ganz überraschend kam er manchmal mitten in der Nacht, wenn sie ihn einen ganzen Tag lang vergessen hatte. Oder während des Essens flossen plötzlich Tränen, und sie hatte doch gerade etwas anderes mit der Mutter geredet, und dann schmeckte ihr gar nichts mehr.

Wenn sie durch den Wald ging und sich am Sonnenschein und den gerade aufgehenden Blüten erfreute, pfiff plötzlich ein Vogel von einem Baum und fragte: „Ruach, du bist ja noch hier, wann fliegst du los?“, und dann kam über sie eine Wolke von Trauer, die den Sonnenschein verdunkelte und sie blind machte für die Schönheit ihres Heimatwaldes. Dann war nur noch der eine Gedanke in ihr, daß sie bald dies alles hier verlassen sollte: ihre Höhle, den vertrauten Wald, all die Lieblingsspielplätze, die sie hier und da hatte, all die Freundinnen und Freunde unter den Tieren des Waldes. Sie dachte an die kleine Hausmaus, die mit in der Höhle wohnte, deren trippelnde Füße und aufgeregtes Piepsen sie schon so gewöhnt war, und an die Falkin, die ihr immer die Nachrichten von nah und fern brachte, an das Eichhörnchen, dem sie gern zuschaute, wenn es so behende – wie sie selbst nie sein könnte – zwischen den hohen Bäumen hin und her sprang und an vieles mehr. Auch vom großen Fluß sollte sie sich trennen, der sie mit seinem fernen Murmeln durch die Tage begleitete. Von alledem, was ihr bekannt war seit ihrer Geburt, sollte sie Abschied nehmen, ohne zu wissen, was Neues kommen würde.

Eines Morgens lag sie laut schluchzend in ihrer Schlafnische. Sie wolle nie mehr aufstehen, meinte sie immer wieder, schrie zwischendurch: „Nein, ich gehe nicht! Niemals!“ Und als die Drachenmutter sich neben sie rollte, klammerte sie sich an sie, wie ein ganz kleines Drachenkind. Ihre Mutter wiegte sie und blies ihr ihren warmen Atem zart um den Kopf. „Liebe Ruach, liebe Ruach, du bist doch meine Drachentochter und du bleibst es auch“, flüsterte sie liebevoll und ließ sie an ihrer Brust weinen. Sie erinnerte sich daran, wie es ihr ergangen war, als ihre Mutter sie zu der alten Drachin auf der anderen Seite der Wüste geschickt hatte, und daß sie damals genau so geweint und geschrieen hatte, wie Ruach jetzt. Und sie erinnerte sich auch daran, wie schön es gewesen war, danach als erwachsene Drachin durch die Welt zu fliegen. Wie frei und stark sie sich gefühlt hatte, voller Tatendrang und voller Lust am Leben, alleine für sich und doch verbunden mit den anderen Drachinnen – als Mitdrachin im Bund der Drachenfrauen aufgenommen.

So sagte sie gar nicht viel zu Ruach, sondern lag einfach neben ihr und gab ihr die Wärme ihrer Haut und die Hoffnung ihres Herzens. Danach brachte sie ihr das Drachenfrühstück ans Bett und, nachdem sie gegessen hatten, reihte sie die Schätze zum Spielen um ihr Bett herum auf. Dann ging Mutter in den hintersten Teil der Höhle, in den Teil, in dem es immer dunkel war, da das Tageslicht, das durch die Höhlenöffnung fiel, nicht bis dorthin reichte. Ruach hörte das Scharren eines Steines, den Mutter wohl beiseite schob; und dann kam sie wieder, mit hellgrünen Augen, grüne Wölkchen blasend und legte etwas Goldglänzendes neben Ruachs Kopf.

„Dieser Ring ist für dich, Ruach“, sagte sie zärtlich. „Ich wollte ihn dir eigentlich erst zum Abschied geben. Aber nun bekommst du ihn jetzt schon. Den hat meine Urururururgroßmutter von einer Menschenfrau in Gewahr genommen, vor langer, langer Zeit. Es war damals, als unsere Drachenvorfahren noch mit den Menschenfrauen, den Tieren, mit den Naturgeistern, wie den Feen, Kobolden, Nixen und vielen anderen, einen großen magischen Kreis bildeten, der sich jedes Jahr zur Zeit des ersten Neumondes traf. Bei diesen Treffen wurde über das Wohl aller auf der Erde beraten, und die Erde selbst sprach dabei auch mit. Es ging darum, das Gleichgewicht zu wahren, zwischen allem, was lebte, den verschiedenen Welten der Tiere, der Pflanzen, Geister und Menschen. Schwere Streitigkeiten wurden hier von allen zusammen beraten und gelöst, und so war überall auf der Erde Friede und Harmonie.

Dieser Ring hier, der nun in deinen Drachenschutz kommt, wird zur Erinnerung an die Freundschaft zwischen Drachen und Menschenfrauen unter uns Drachinnen von Mutter zu Tochter weitergereicht. Eines Tages wird der Ring zu einer Drachenfrau kommen – so heißt es – die sich wieder mit einer Menschenfrau anfreunden wird.“ „Warum ist denn die Freundschaft zwischen Drachen und Menschenfrauen auseinandergebrochen?", fragte Ruach, die bei der Erzählung ihrer Mutter plötzlich einen ihr bis jetzt unbekannten Schmerz gespürt hatte.

„Es ist eine lange Geschichte", meinte Ruachs Mutter, „und sehr schwer zu verstehen, denn es ist schon lange her. Skylla und Charybdis, die uralten Meeresdrachinnen, wissen darüber viel zu erzählen, denn sie haben die ganze Entwicklung miterlebt. Auch deine Großmutter wird ganz bestimmt darüber sprechen, denn es ist ein Thema, das ihr sehr am Herzen liegt. Was ich dir sagen kann, ist, daß anscheinend immer weniger Frauen zu den Treffen kamen und dann gar keine mehr. Da dieser weltweite Kreis zur Erhaltung des Friedens auf der Erde auf die Mitschwesternschaft der Frauen angewiesen war, ebenso wie auf die aller anderen, brach dieser Bund zusammen. Die Frauen heute glauben gar nicht mehr, daß es uns gibt. Wie sollen wir uns da wieder mit ihnen anfreunden", seufzte sie. „So", sagte sie dann, „ich geh' jetzt mal zum Fluß, Wasser holen und ein paar Stämme fürs Feuer. Du bleibst einfach in deiner Schlafnische, solange du magst, und spielst ein bißchen", schlug sie vor und trabte aus der Höhle ins Freie.

Ruach fühlte sich jetzt schon viel besser als nach dem Aufwachen heute früh. Sie lag auf ihrem Schlaflaub und hatte den Ring neben sich gelegt, befühlte und beschnupperte ihn, behauchte ihn und entdeckte dabei, daß im Innern des Ringes etwas eingraviert war; aber sie konnte es nicht entziffern. Sie rätselte lange herum, was es heißen könnte, dann holte sie den großen Kristall vorsichtig aus den Schätzen und legte ihn neben den Ring. Mit vor Aufregung zitternder Stimme fragte sie leise den Stein:

„Der Ring, Kristall, kannst du mir sagen, wer war die Frau, die ihn getragen?“

Sie wartete gespannt. Zuerst geschah gar nichts. Sie bekam Zweifel, ob der Kristall wohl die Frage für wichtig genug hielt, um sie zu beantworten, und ob sie ihn auch mit der richtigen Achtung gefragt hatte. Doch bevor sie länger darüber nachdenken konnte, bildete sich wieder dieser feine Nebel in dem hellen, sonst ganz durchscheinenden Kristall, und nach einer Weile riß der Dunst auf.

Ruach stieß ein leuchtend rotes Wölkchen aus vor Erstaunen: Eine wunderschöne Frau mit rotem langem Haar sah sie an. Ein strahlendes Licht drang aus ihrem Herzen, und viele lichte bunte Farben umgaben sie wie sanfte, sich bewegende Schleier. Ruach spürte ein Ziehen und Sehnen in sich, wie noch nie zuvor. Ein Band wuchs von ihrem Herzen zu dem Herzen der Frau, die da im Kristall vor ihr stand und Liebe und Freude ausströmte. Diese Frau lachte Ruach an, ja, sie lachte ihr direkt in die Augen – obwohl Ruach gehört hatte, daß Menschen nicht in Drachenaugen blicken können, ohne ohnmächtig zu werden. „Ach, Quatsch“, dachte sie gleich darauf enttäuscht, „daß sie so gelacht hat, das ist schon lange her. Sie trägt noch den Ring. Es gibt sie wohl schon einige Jahrtausende nicht mehr“, und wurde darauf so tieftraurig, weil sie dieser Frau nie begegnen würde, daß sie nur noch durch ihre Tränen hindurch sah, wie sich das Bild im Kristall wieder auflöste und im Nebel verschwand.

Ruach wollte den Kristall schon wieder weglegen

und sich in ihre Trauer verkriechen, als der Kristall wieder anfing, klarer zu werden. Darauf begann sich erneut ein Bild abzuzeichnen. Es zeigte eine Drachin und – Ruach stieß einen lauten Schrei und eine Unmenge roter Schwaden aus – die Drachin war sie selbst. Das konnte sie leicht an ihrer hellgrünen Farbe und der goldglänzenden Zeichnung auf der Stirn erkennen. Nur hatte sie größere und kräftigere Drachenflügel als jetzt und sah überhaupt älter aus. Im klaren Licht des Kristalls flog sie durch den weiten blauen Himmel, und auf ihrem Rücken saß eine Frau. Diese Frau sah jünger aus, als die vorherige. Doch sie lachte genauso froh wie diese. An ihrem Arm glänzte ein schmaler Ring.

Ruach wurde so aufgeregt, wie noch nie zuvor in ihrem Drachenmädchenleben. Auf einen Schlag war ihre ganze Traurigkeit verschwunden, ihr Herz wurde immer voller und pochte so laut, daß sie es deutlich hören konnte. Sie spuckte rote und gelbe und grüne Schwefelwölkchen, sprühte zwischendurch rote Funken und weiße Blitze. Sogar ein paar Donner kamen hinterher und die hatte sie bis jetzt noch nie hingekriegt. In diesem Moment kam ihre Mutter zur Höhle herein, einen riesigen morschen Eichenstamm hinter sich herziehend.

„Was machst du denn für ein Getöse?", fragte sie erstaunt, schnupperte die schwefelige Luft und bestaunte die bunten Wölkchen, die noch unter der Höhlendecke hingen. „Dir scheint es ja besser zu gehen", grinste sie. „Was hat dich denn zu diesem Freudenfeuerregen gebracht?"

„Ich hab' die Frau gesehen, die Menschenfrau mit

dem goldenen Ring!", rief sie und fuchtelte mit dem Ring und dem Kristall vor den Augen ihrer Mutter herum und warf dabei die Spielsteine durcheinander. „Ich bin geflogen, und sie saß auf meinem Rücken!"

„Potzblitz, bei der Ahnin aller Drachinnen", sagte die Mutter, ließ den Stamm fallen und legte sich da, wo sie war, auf den Boden. „Also doch", sagte sie dann noch. Und danach sagte sie zuerst gar nichts mehr, sondern schnaubte eine leuchtendrote Wolke nach der anderen aus ihren Nüstern – das Zeichen höchster Aufregung bei Drachinnen. Allmählich wurden die Wolken schwefelgelb, das hieß, sie beruhigte sich wieder, und plötzlich blies sie kleine silberne Wölkchen in die Luft.

„Was denkst du denn, Drachenmutter? Sag doch mal was", drängelte ihre Tochter. „Ja, ich habe mich plötzlich wieder an einen Traum erinnert, den ich kurz vor deiner Geburt hatte. Ich hatte damals beschlossen, ihn zu vergessen, und ich habe ihn nie jemandem erzählt. Ich wollte keine falschen Erwartungen hegen oder wecken. Aber jetzt kann ich ihn dir ja erzählen. Ich hatte von einer Drachenfrau geträumt, die inmitten von Menschenfrauen tanzt. Die Drachin war nicht ich, auch nicht eine meiner Schwestern. Es muß meine Tochter sein, dachte ich damals, bevor ich dich geboren hatte. Ich wußte nicht, ob ich dem Traum überhaupt Glauben schenken sollte. Es war sehr beunruhigend: Eine Drachin, die sich wieder unter Menschen wagt! Ich dachte damals, das muß ja eine sehr mutige und auch hoffnungsvolle Drachin sein, nach allem, was die Menschen Übles über uns reden, und nachdem der große Kreis schon lange zerbrochen ist. Du weißt ja, welche Geschichten sie erfunden haben, über Kämpfe, bei denen sie gegen uns angetreten sind und uns sogar besiegt haben. Geschichten, die natürlich nicht stimmen. Bis jetzt hat noch nie ein Mensch einen Drachen besiegt. Sie können noch nicht einmal unseren Blick aushalten. Wenn wir ihnen in die Augen sehen, wird ihnen schlecht, warum, weiß ich auch nicht. Vielleicht aus schlechtem Gewissen über all die Lügerei", murmelte sie und fuhr dann fort: „Das war nicht immer so, denn früher haben die Frauen sich ja mit den Drachen getroffen, und sie sind dabei ganz aufrecht und stolz geblieben und konnten uns direkt in die Augen schauen.

Wahrscheinlich müssen diejenigen, die uns begegnen, es gut mit uns meinen, so daß sie unsere Blicke nicht fürchten, und sie müssen mit sich selbst im reinen sein.

Und du wirst also wieder Menschen begegnen, Menschenfrauen, besser gesagt", meinte sie, immer noch etwas fassungslos. „Deine Großmutter wird sich freuen. Da hat sie einen Grund, dir eine richtig gute alte Drachenausbildung zu geben, um dich auf diese Aufgabe vorzubereiten. Feuer und Flamme wird sie sein und dir alle ihre Künste beibringen.

Überhaupt hab' ich beim Holzsuchen gerade gedacht, daß wir bald los sollten. Es wird, bei deinen Flugkünsten, lange dauern, bis wir auf der anderen Halbkugel ankommen. Wir werden für dich viele Pausen machen müssen zum Ausruhen. Nach dieser aufregenden Nachricht des Kristalls, sollten wir wirklich bald aufbrechen."

Ruach war nun lange nicht mehr so betrübt über

den bevorstehenden Abschied. Eine helle Flamme war in ihr aufgegangen, die ihr Leben in einem anderen Licht erscheinen ließ.

Durch die Bilder des Kristalls war eine tiefe Sehnsucht in ihr geweckt worden – eine Sehnsucht, von der sie selbst überrascht war; so neu war sie, so unbekannt. Und doch knüpfte sie an einer ganz feinen Erinnerung an, die irgendwo in ihren Zellen verborgen lag. „Vielleicht kann Großmutter mir durch das, was sie mir zeigen und erzählen wird, dabei helfen, die Verbindung zu der Menschenfrau, die ich im Kristall gesehen habe, zu finden“, meinte sie und war nun voller Kraft und Entschlossenheit, das Neue zu wagen und so bald wie möglich aufzubrechen.

Wie Ruach mit ihrer Mutter ins Land der Höhlen fliegt

Ihre Reisevorbereitungen bestanden darin, daß Mutter den besten Reiseweg überlegte und Ruach die Geschenke sammelte, die sie von ihren Freundinnen und Freunden mit auf den Weg bekommen hatte. Sie verteilte diese hinter ihren Schuppen, wobei sie den weisen Kristall hinter ihre Herzschuppen steckte.

Als beide dann bereit waren, begannen sie die Reise.

Sie flogen über den Wald hinweg und winkten den Tieren zu. Die riefen zu ihnen hoch: „Gute Reise, ihr Drachinnen, und komm irgendwann wieder zurück, Ruach." Ein paar Vögel begleiteten sie noch zwitschernd und singend ein Stück Wegs; und dann flogen Ruach und ihre Mutter weiter nach Süden, bis sie am großen Fluß ankamen.

Da ließen sie sich nochmal nieder, schauten ins Wasser bis es dunkel wurde, und Ruach gab dem Fluß die Tränen ihrer Trauer, die sein Rauschen aus ihr lockte. Sein Fließen gab ihr Zeit, die Abschiede für den Wald und die Höhle zu flüstern, und er sang sie dann in tröstenden Schlaf.

Am nächsten Morgen wachten sie auf mit dem fröhlichen Plätschern seiner Wellen, die sich an den großen Steinen brachen, auf denen sie lagen. So schenkte er ihr, zusammen mit der aufgehenden, alles verheißenden Sonne, Hoffnung, mit der sie sich ins strömende Wasser wagte. Die Wellen des Flusses wurden zu Wellen der Zuversicht, auf denen Ruach sich neben ihrer Mutter flußabwärts treiben ließ ihrem neuen Leben entgegen.

Die Sonne schien ihnen an diesem Tag heiß auf die Schuppen; und als sie am Abend am Meer ankamen, waren sie beide guter Dinge. Sie rollten sich im Sand, der die Hitze des Tages aufbewahrt hatte, und verbrachten auch noch den nächsten Tag am Meeresstrand. Sie dösten die meiste Zeit vor sich hin, träumten Drachenträume, freuten sich auf die bevorstehenden Reiseabenteuer und zwischendurch erzählte Ruachs Mutter Geschichten über ihre eigene Mutter und über das Land, in dem sie aufgewachsen war.

„Warum bist du eigentlich von dort weggegangen?", fragte Ruach. „Wenn du so erzählst, hört sich das an, als sei dies das schönste Land der Welt."

„Oh, ja,", seufzte die Mutter laut auf und blies ein paar wehmütige Wölkchen, „manchmal hab' ich schon große Sehnsucht nach dem Land meiner Kindheit und Jugendzeit. Besonders jetzt, wo ich weiß, daß ich bald dort sein werde, sehe ich es wieder in all seinen lebendigen Farben vor mir. Aber bei uns im Norden fühle ich mich auch sehr wohl. Ich hab' mich damals freiwillig dafür entschieden, von den anderen wegzugehen und die nördliche Halbkugel wieder mit Drachen zu bevölkern. Als ich am Ende meiner Lehrzeit einige Tage allein in der Wüste war, hat mir die Wüstenschlange eine Nacht lang ihren weisen scharfen Blick geschenkt, und damit habe ich mich selbst im Norden gesehen, zuerst allein, und dann mit einer kleinen Drachentochter. Deine Großmutter war über meinen Entschluß zwar traurig, aber gleichzeitig froh, daß die nördliche Halbkugel nun nicht mehr glücksdrachinnenlos sein würde.

Trotz aller Sehnsucht nach meiner alten Heimat, bin ich doch sehr glücklich im Norden und mit dir, Ruach", meinte sie noch einmal und schickte ihr einen ihrer sehr seltenen rosa Wölkchen zur Bekräftigung dessen, was sie gerade gesagt hatte. Dann schwiegen sie wieder in die aufsteigende Nacht und wurden bald von dem gleichmäßigen Geräusch der Wellen, die den Sand herauf rollten, in den Schlaf geschickt.

Am nächsten Tag setzten sie die Reise fort. Zuerst kamen sie langsam voran, doch im Lauf der Zeit wurde Ruach sicherer beim Fliegen, konnte längere Strecken ohne Unterbrechung in der Luft sein und wurde auch nicht mehr so müde davon.

Viel erlebten die Drachinnen auf ihrer Reise in den Süden: Sie sahen die Erde von oben, flogen lange über ihre Meere und landeten in Ländern, in denen Pflanzen wuchsen, die Ruach nie zuvor gesehen hatte.

Zwischendurch gab es Momente, da vermißte sie ihre vertraute Drachenhöhle. Aber wenn sie ganz großes Heimweh bekam, dachte sie an das letzte Mal, als sie in den Kristall geschaut hatte. Dann wurde wieder diese tiefe Sehnsucht in ihr wach und gab ihr die Kraft, weiterzufliegen, ins Unbekannte: Zu ihrer Großmutter, die sie nicht mehr gesehen hatte, seit sie ein kleines Mädchen war und zu all den jungen Drachinnen, die sie noch nicht kannte.

Ihre Reise dauerte lange. Die Mondfrau war dreimal rund geworden und hatte dreimal abgenommen in dieser Zeit. Und als sie dann fast ein weiteres Mal voll war, näherten sie sich endlich dem Land, in dem die Großmutter lebte.

Sie flogen ein letztes Mal über das Meer und kamen dann in eine felsige Landschaft. In der Ferne sahen sie eigenartig geformte, hohe Berge. „Jetzt kommen wir ins Land der Höhlen", rief Mutter zu ihr herüber. Ruach wurde so aufgeregt, daß sie gar nicht mehr richtig gerade fliegen konnte, sondern in der Luft auf- und absegelte und lauter Kurven flog. Dabei stoben viele rote Wölkchen aus ihren Nüstern – wie immer bei solchen Gelegenheiten. „Siehst du, dahinten", zeigte die Mutter, „wo die Sonne die spitzen hohen Berge ins feuerrote Licht taucht, da ist es!" Sie kamen schnell näher, und Ruach konnte weit über das Land der Höhlen sehen.

Es verzauberte sie. Sie fand, daß es voller Geheimnisse sein müßte, die die Erde in diesen besonderen Bergen hütete, die schroff aus diesem zerklüfteten Land aufragten. Diese Berge hatten vielfältige Gesichter. Wie große, träumende Tiere lagen sie da. Die Abendsonne spielte mit Licht und Schatten auf ihnen, und Ruach hätte sich nicht gewundert, wenn sich eines davon unendlich langsam umgedreht hätte und dabei ein tiefes Raunen zu hören gewesen wäre.

Etwas unheimlich wurde ihr auch dabei, denn dieses Land, das nun für einige Zeit ihr Zuhause sein sollte, sah so anders aus, als die Landschaft, aus der sie kam. Hier war alles karg und heiß und voller Tiefe. Mehr und mehr nahm das Land sie in seinen Bann. Sie tauchte ein in das rötliche Licht, das es umgab und das zu ihm gehörte.

Sie ahnte, daß ein Leben inmitten dieses Lichtes und dieser Berge sie verändern würde.

Sie würde bei ihrem Abschied nicht mehr die gleiche sein, die sie jetzt war. Das Land würde ihr unerwartete Gesichter von sich selbst zeigen. Deshalb war ihr wohl auch so ungeheuerlich zumute, dachte sie – mit einer neuen Gewißheit in sich, als Mutter ihre Gedanken unterbrach: „Wenn du ganz weit nach hinten in die Ferne siehst, kannst du die Wüste sehen". Ruach kniff ihre Augen zusammen. Doch viel konnte sie nicht von der Wüste erkennen, außer einem hellen Streifen am Horizont, als wäre dort ein weißes Meer in der Ferne.

Inzwischen hatten sie sich dem höchsten Teil des Landes genähert und landeten am Fuße eines der spitzen Berge. Dort türmte er sich vor ihnen auf. Nun sah Ruach, daß seine Spitze geteilt war in zwei Gipfel, die eine Kuhle zwischen sich formten. „Ich wollte hier unten landen, damit wir uns noch vorher ankündigen können", meinte die Mutter. „Außerdem tut es uns sicher gut, nach dem langen Flug unsere Beine etwas zu vertreten." Sie zeigte nach oben: „Siehst du, da oben liegt die Höhle!" Und sie donnerte und blitzte, und gleich darauf donnerte und blitzte es aus dem Inneren des Berges zurück. Sie kletterten ein steiles steiniges Stück den Berghang empor bis auf eine runde, glatte Felsplatte, über die sich das weite Rund des Höhleneingangs wölbte. Nach hinten verengte sich die große Vorhalle und mündete in einen engen Gang, an dessen Ende ein schmaler Spalt im Felsen war. Sie paßten gerade hindurch. Ruach kroch ihrer Mutter hinterher und gleich darauf befanden sie sich in einem großen Raum, in dessen Mitte ein Feuer loderte und prasselte. Viele Drachinnen liefen geschäftig um die Feuerstelle und lachten, donnerten und blitzten alle durcheinander.

Überall hingen farbige Rauchwölkchen unter der Höhlendecke. Dicker Schwefelgeruch stand im Raum und hüllte alles in einen gelblichen Schleier. Ruach sog genüßlich diese vertrauten Drachendüfte in ihre Nüstern, während sie sich in der Halle umsah: Diese war groß, so groß, daß sie ihr Ende gar nicht erkennen konnte.

Eine junge Drachin, die in ihrem Alter sein mußte, rührte in dem riesigen Kessel, der über dem Feuer hing. Andere brachten irgendwelche Zutaten herbei und schütteten sie in den Topf. Eine größere, kräftigere Drachin schürte das Feuer und zwei schnaubten dicke gelbe Schwefelwolken in die Suppe. Inmitten dieses ganzen Trubels saß die Drachengroßmutter und rief: „Laßt mir ja nichts anbrennen, wir haben Gäste!“, und dann drehte sie sich um und sagte herzlich: „Seid gegrüßt, ihr Drachenfrauen. Ich habe euch erwartet. Ich wußte, daß ihr kommen würdet, jetzt, da Ruachs Mondblut angefangen hat zu fließen. Die Nordwindin hat mir vor vier Monden die frohe Nachricht gebracht. ich hoffe, meine Glückwünsche sind angekommen“, grinste sie und dann rieb sie ihre Drachennase an der Nase ihrer Tochter. Darauf begrüßte sie Ruach und schnaubte ihr dabei zart ihren heißen Atem um die Nasenspitze: „Willkommen im Land der Höhlen“, sagte sie und sprühte sogleich einen leuchtend rosa und hellblauen Funkenfeuerregen zur Begrüßung über die beiden. Ruach blieb vor Staunen der Mund offen stehen. So etwas hatte sie noch nie zuvor gesehen: rosa und hellblau und dann auch noch gleichzeitig!

„Nun kommt, legt euch mit uns ans Feuer und wärmt eure Schuppen“, meinte Großmutter einladend, „das Festmahl ist wohl bald fertig“, fügte sie hinzu und schaute in den Kessel, aus dem Wohlgerüche dampften. Dann legte sie sich ganz eng an ihre Tochter. An ihren strahlenden und hellrot glühenden Augen war zu erkennen, wie sehr sie sich freute, ihr nach so langer Zeit wieder nahe zu sein. „Ich hoffe, du bleibst noch eine kleine Weile, Tochter,“ sagte sie zärtlich, „und erzählst uns von deinem Leben auf der anderen Halbkugel“. Ruach beobachtete währenddessen ihre Großmutter. Sie hatte sie sich ganz anders vorgestellt. Aus Mutters Erzählungen hatte sie geschlossen, daß die Drachin groß und imposant sei und alle anderen Drachinnen überragen würde. Sie konnte kaum glauben, daß sie so klein war, kaum größer als Ruach selbst. Sie mußte im Alter kleiner geworden sein, denn ihre Haut war an manchen Stellen zu groß. Ihre Schuppen waren tief dunkelgrün, mit einem sanften goldenen Schimmer darin, und an den Flügeln und am Kopf glänzte sie fast in Gold.

Das Erstaunlichste jedoch waren ihre Flügel. Sie waren die größten Drachenflügel, die Ruach je gesehen und sich je vorgestellt hatte. Und sie waren wunderschön geschwungen. Das konnte Ruach besonders gut sehen, wenn Großmutter sie bewegte, und das tat sie auch immer, wenn sie sprach. Ihre Flügel sprachen dann mit, und dabei konnte Ruach die golddurchwirkte feine Haut, die sie überzog, bewundern.

Auch staunte sie, wie gewandt und leicht Großmutter sich bewegte, wenn sie zwischendurch zum Feuer lief, um es für die Gästinnen so richtig hoch zum Brennen zu bringen, oder wenn sie Ruach mitnahm zu einem Rundgang durch die Höhle. Ihre Augen glühten voller anteilnehmender Wärme, als sie zu Ruach sagte: „Ich hoffe, daß du dich hier wohlfühlen wirst. Das hier wird also dein Zuhause sein für die nächste Zeit. Und dieser wilde Drachenhaufen hier, sind deine Cousinen und neuen Freundinnen.

Als sich dann alle gemeinsam um das Feuer setzten, betrachtete Ruach die fremden Drachinnen, eine nach der anderen. „Lustig scheint's hier zuzugehen", dachte sie und wagte es, eine der Drachinnen anzulachen. Sie war froh, daß alle so vergnügt und freundlich aussahen – auch die Großmutter – denn gefürchtet hatte sie sich unterwegs schon vor den ihr unbekannten Drachinnen. Nachdem sie bisher nur mit ihrer Mutter als einzige feuerspeiende Glücksdrachin gelebt hatte, konnte sie gar nicht wissen, wie andere Drachen waren. Ob sie mit denen auch so viel Spaß haben könnte, so gut reden, so gut streiten wie mit ihrer Drachenmutter? Darüber hatte sie sich beim Flug Gedanken gemacht. Nun verlor sie ihre letzte Angst und folgte begeistert den Kunststücken, die nach dem Essen von den anderen geboten wurden: Mehrere Drachinnen stellten sich aufeinander. Die oberste stand nur mit einem Bein auf der Schulter der Drachin unter ihr und breitete die Flügel aus. Dann blitzten alle, die da standen, gleichzeitig, so daß die ganze Höhle für einen Moment hell erleuchtet war. Danach wurden Saltos vorgeführt, vorwärts und rückwärts, und am Schluß sprühten alle Feuer im Chor. Das ging so: Immer zwei oder drei bliesen die gleiche Farbe, jede Gruppe eine andere, die verschiedenen Farben flossen ineinander und dadurch entstanden farbenfrohe Muster, die sich im Raum bewegten.

Noch spät in der Nacht sangen sie zusammen viele bekannte, alte Drachenlieder.

Dies war die erste Nacht, die Ruach mit ihren Drachenschwestern schlief, und es sollten noch viele folgen. Aber bevor sie einschliefen, hatten sich alle Drachinnen noch einmal eng um die Glut geschart, und Großmutter mahnte: „Bittet die Traumdrachin um weise Träume für heute nacht. Ihr wißt ja, eure Drachenträume sind genauso lebendig wie euer waches Drachenleben am Tag. Alles, was in euch wächst, wächst zuerst im Reich der Träume, bevor es in eurem Leben hier auf der Erde Wirklichkeit wird. Die nächtlichen Träume sprechen zu euch und erzählen von der anderen Wirklichkeit, aus der sie kommen. Sie können euch Rat geben, wenn ihr danach fragt. Wir werden zusammen lernen, ihre Sprache zu verstehen.

Wir Drachen sind Traumtiere; wir träumen nicht nur nachts, sondern mit Vorliebe auch am Tage", meinte sie noch. Dann schloß sie: „Wir werden uns jeden Tag Traumzeiten nehmen; das habt ihr sicher auch immer gemacht. Das brauchen alle Drachen. Träumen gehört zum Leben. Also, versucht, wie immer, gleich nach dem Aufwachen, euch an eure Träume zu erinnern, und stört euch dabei nicht gegenseitig. Wir werden sie uns dann als erstes am Tag erzählen und darüber reden."

Obwohl Ruach schrecklich müde war, befolgte sie

Großmutters Rat und bat die Traumdrachin, ihr diese Nacht besonders schöne Träume zu schicken.

Sie war sich am nächsten Morgen sehr sicher, daß sie viele bedeutsame Träume gehabt hatte. Aber sie konnte sich einfach an keinen einzigen mehr erinnern, so verzweifelt sie es auch versuchte. Nur ein vages, kaum zu beschreibendes Gefühl war von ihnen übrig geblieben. Und das heute, wo sie Großmutter so gerne gezeigt hätte, wie weise sie schon träumen kann.

Die anderen jungen Drachinnen fingen gerade an, über ihre Träume zu berichten, als Mutter Ruach anstupste und ihr zuflüsterte: „Komm, Ruach, laß uns rausgehen. Heute hast du noch frei. Deine Lehrzeit fängt erst morgen an. Ich möchte so gern mit dir die Sonne aufgehen sehen."

Noch ganz verschlafen durchquerten sie die lange Höhlenhalle und schlüpften durch den schmalen Spalt und den engen Gang hinaus ins Freie. Mutter war schon am Rand der Felsplatte vor der Höhle, schaute übers Land und wartete auf sie. Als Ruach dann neben ihr stand, zeigte sie mit einer Kopfbewegung nach oben. „Ich würde gern auf den Hausberg fliegen, kommst du mit?" Zusammen flogen sie im Halbdunkel des dämmernden Tages bis ganz auf den Gipfel. Als sie es sich in der Mulde zwischen den Höckern bequem gemacht hatten, kam die Sonne gerade als leuchtend gelbe Kugel, am Horizont hinter den Bergen hervor. Sie verbreitete um sich ein Meer von strahlenden gelben und orangen Farben.

„Dahinten, da ist die Wüste, siehst du sie?", zeigte die Mutter. Von hier oben konnten sie das ganze Land überblicken. Eine Wüste hatte Ruach noch nie gesehen. Heute war es so klar, daß sie am Horizont diese endlos weite Ebene erkennen konnte, in der der Sand sich in weiten Wellen hob und senkte, der Wind seine Zeichen als Muster in den Sand blies und die jetzt vom goldgelben Licht der Sonne beschienen wurde. In Ruach erwachte Neugier, aber auch Scheu vor dieser ihr unbekannten Landschaft. „Bevor ich wieder zurückfliege, werde ich noch einen Tag allein in der Wüste verbringen", meinte die Mutter, „sie ist auch mein Zuhause gewesen, damals, als ich im Land der Höhlen aufgewachsen bin", und sie hatte Tränen in den Augen, als sie dies sagte.

Ruach mußte auch weinen, denn plötzlich begriff sie, daß die Zeit des Abschieds von der Mutter gekommen war. Und so saßen sie beide ganz nah beieinander auf der Spitze des Berges, weinten große Drachentränen und rieben ihre Drachennasen aneinander. Dann legte die Mutter ihre Flügel um Ruach und sagte: „Ich werde dich vermissen, Tochter. Laß' es dir gut gehen, lasse dir Zeit mit dem Lernen – und denke manchmal an mich." Danach mußte sie ganz laut schluchzen. Und dann legte Ruach ihre Flügel um die Mutter und sagte: „Paß gut auf dich auf, Mutter, und back' dir manchmal Kuchen, wenn du nach Hause kommst – wenn ich schon nicht da bin. Und jedesmal, wenn die Mondfrau rund ist, werde ich hier auf den Berg fliegen, zu dir hinträumen, für dich blitzen und feuerspeien und dir meine Liebe schicken."

„Genauso werde ich es auch machen", erwiderte die Mutter. „Ich setze mich dann auf den großen Felsen im Wald und denke an dich." Sie hielten sich noch lange mit ihren Flügeln fest, saßen ganz still nebeneinander, ließen sich von der Sonne bescheinen und nahmen so Abschied voneinander.

Als sie wieder unten ankamen, waren alle Drachinnen versammelt und Großmutter erklärte gerade: „Ihr könnt heute alle machen, wozu ihr Lust habt. Ich werde mit meiner Tochter einen Ausflug ans Meer machen, nur wir beide." Ruach wurde es nun doch etwas mulmig zumute. Mutter würde sie mit all den fremden Drachinnen alleine lassen. Sie überlegte, wohin sie sich vielleicht vor den anderen zurückziehen könnte, als eine der Drachinnen, die kleinste von allen, auf sie zukam, sie anlachte und fragte: „Hast du Lust mitzukommen? Wir wollen schwimmen gehen, zu den Seen, die in Richtung Sonnenuntergang in den Blauen Bergen liegen."

So zogen sie zusammen los. Die buntschillernden Drachinnen flogen in einem großen lauten Schwarm über die roten Höhlenberge. Nach einer längeren Flugstrecke verloren die Berge ihre rötliche Färbung, wurden violett, und erst als die Farbe der Berge blau war, landeten die Drachinnen. Ruach genoß den Flug und die wechselnden Farbtöne der Landschaft unter ihr. Dann staunte sie über die Berge, die da, wo sie sich niederließen, aus dunkelblauem Gestein waren. Wie große, uralte, glänzende Wassertiere lagen sie da und bargen zwischen sich kleine Seen mit klarem grünem Wasser.

Das Wasser in diesen Seen dampfte, so heiß war es. Die feuerspeienden Drachinnen aalten sich mit Begeisterung darin. Manche wälzten sich vom Ufer direkt ins Wasser, das zischte und schäumte; ließen sich gar ein Stück die glatten Berghänge hinunter rollen, um mit einem lauten Platsch im Wasser zu landen. Zwischendurch legten sie sich immer wieder ausgiebig in die heiße Sonne des Südens, an die Ruach sich erst gewöhnen mußte; war sie doch eher den milden Sonnenschein ihrer nördlichen Heimat gewöhnt.

Zuerst war sie etwas schüchtern inmitten der ihr noch unbekannten Drachinnen und ohne die Mutter an ihrer Seite. So legte sie sich anfangs etwas abseits ins Wasser und schaute auf die wogende, schäumende Wasseroberfläche. Erst später wagte sie sich zu den tobenden Drachinnen und versuchte auch, die dampfenden Wasserfontänen zu pusten, mit denen die anderen sich gegenseitig besprühten. Es kitzelt etwas unangenehm in der Nase, fand sie. Und zuerst verschluckte sie sich auch ganz kräftig und mußte husten. Doch schon bald hatte sie es heraus und bespritzte die anderen ebenfalls im hohen Bogen mit dem heißem Wasser.

Die Drachin, die ihr am meisten dabei zulachte und sie auch am meisten ansprühte, war die mit den türkisschimmernden Schuppen und der silbernen Zeichnung auf der Stirn, die ihr gestern Abend schon besonders aufgefallen war. Die mochte sie sofort, und so lachte und spritzte sie gerne zurück. Auf dem Nachhauseweg flogen sie nebeneinander, sahen zusammen die Mondfrau aufgehen und flogen zusammen unter den ersten blinkenden Sternen. Nach der Ankunft in der Höhle konnten sie sich gar nicht trennen, sondern saßen zusammen am Feuer, aßen nebeneinander die Drachensuppe und legten sich auch nebeneinander schlafen.

In der Nacht träumte Ruach einen wunderschönen

Traum: Sie flog mit Myra – so hieß die Drachin mit den tiefen Augen – auf die Mondfrau zu. Diese war so nah, wie sie sie noch nie zuvor gesehen hatte, eine riesige Kugel, von der zarte, süße Töne ausströmten, in die sie hineinflogen.

In den darauffolgenden Tagen wuchs die Nähe zu Myra. Das machte ihr den Abschied von der Mutter leichter, als diese eine Woche darauf wieder in die Richtung ihres Zuhauses auf der nördlichen Halbkugel losflog.

„Ich werde auf dem Nachhauseweg noch bei Skylla und Charybdis vorbeifliegen und bei denen ein paar Tage verbringen", meinte die Mutter. „Die sind gerade dabei, neue Drachenlieder zu dichten, und ich habe Lust, ein paar neue Lieder zu lernen und mit ihnen zu singen. Vielleicht bereiten sie ja mit den Walen zusammen ein Treffen für die Sänger und Musikanten der Meere vor – davon hatten sie letztes Mal erzählt. Da würde ich auch gerne mitmachen, denn auch, wenn ich keine Meeresdrachin bin, singe ich doch für mein Leben gern." Ruach war froh, daß auch ihre Mutter etwas hatte, auf das sie sich freute, und da sie sich schon ihre Tränen und ihre Trauer gezeigt hatten, war der Abschied nicht mehr so schwer.

Wie Großmutter vom Anfang der Welt erzählt

Nun fing für Ruach ein neues Leben an. Bevor sie zu Großmutter gekommen war, hatte sie zu Hause in ihrer Heimathöhle den ganzen Tag nur getan, wozu sie Lust hatte. Bei Regen konnte sie manchmal tagelang in die Blätter ihrer Schlafnische gekuschelt vor dem warmen Feuer liegen und träumen. Dann hatte es Tage gegeben, an denen sie von morgens bis abends unermüdlich tote Baumstämme im Wald umwarf, sie zur Höhle zog, in Stücke brach und an der Wand aufschichtete. Oder Tage, an denen sie durch den Wald streifte, Futter sammelte und dabei zwischendurch mit den Tieren, die sie traf, Neuigkeiten austauschte. An manchen Tagen hatte sie nur gespielt und an manchen nur Flugübungen gemacht, ganz, wie es ihr in den Sinn kam.

Jetzt mußte sie sich an ein anderes Leben gewöhnen. Hier, bei der Großmutter, war ein Teil des Tages mit deren Unterweisungen ausgefüllt oder mit gemeinsamen Ausflügen – und Großmutter bestand darauf, daß alle mit dabei waren. Das fing schon morgens bei der Besprechung der Träume an, die nie ausgelassen wurde. Ruach gefiel es, wenn sie alle ihre Träume der Nacht erzählten und Großmutter mit den anderen zusammen half, die Bilder zu erklären und zu verstehen.

Am ersten Morgen, als sie an der Traumbesprechung teilnahm, hatte eine der Drachinnen von einer Sturmdrachin geträumt, die sie angegriffen hatte und ihr die Flügel entreißen wollte und vor der sie bis an den Grund des Meeres geflohen war. „Das nächste Mal kämpfe mit der Sturmdrachin“, meinte die Großmutter dazu, „kämpfe, bis du sie besiegt hast, und dann frage nach einem Geschenk. Das heißt nicht, daß ihr im Leben immer kämpfen sollt – das ist eine andere Frage – aber in den Träumen solltet ihr vor keiner Gefahr fliehen. Denn die Sturmdrachin lebt in euch, es ist etwas in euch, wovor ihr Angst habt. Und wenn ihr diesen Teil besiegt und davon ein Geschenk bekommt, dann habt ihr die Angst vor der Kraft der Sturmdrachin in euch verloren und könnt sie freilassen. Versteht ihr das?“, fragte sie. „Das macht euch dann auch im Leben stärker und freier.“

Sie erzählten sich gegenseitig noch weitere Angstträume und dachten sich dann aus, wie die Träume anders hätten geträumt werden können, und zwar so, daß ihre Stärke und nicht ihre Ohnmacht gesiegt hätte. „Es hilft, wenn ihr euch das vorstellt und euch vornehmt, anders zu träumen, auch wenn es nicht sofort wirkt“, meinte die Großmutter dazu. „Ihr werdet merken, wie durch die Traumbesprechungen eure Träume sich im Laufe der Zeit verändern werden.“ Ruach freute sich jetzt jeden Abend auf die Träume der kommenden Nacht und war morgens richtig gespannt darauf, was für Geschichten ihr Innerstes ihr diese Nacht erzählt hatte. Sie staunte immer wieder, was Großmutter alles zu den Träumen sagen konnte. Überhaupt, sie schien ihr die weiseste Drachin von allen, die sie kannte, und vielleicht auch von allen Drachen zu sein.

Großmutter konnte so vieles in ganz einfachen Worten erklären – das Wandern der Sterne, zum Beispiel, oder das Wachsen der Pflanzen. Was es bedeutete, aus welcher Richtung die Winde bliesen und was sie mitbrachten. Auch, wie die Erde vor langer Zeit ausgesehen hatte, was diese alles in ihrem Innern birgt und noch vieles mehr.

Meist saßen sie am Feuer, wenn Großmutter erzählte, und die Drachinnen hörten gebannt zu. Richtig spannend konnte die alte Drachin erzählen. So, wie an einem Abend, als sie fragte: „Wißt ihr denn, wie die Welt entstanden ist? Soll ich es euch erzählen?" Die Drachinnen riefen begeistert: „Ja, erzähle, Großmutter!" Denn als sie darüber nachdachten, wußte keine wirklich, wie die Anfänge der Welt gewesen waren.

„Es ist natürlich schon viele Ewigkeiten her", begann die alte Drachin ihre Geschichte, „aber es gab einmal eine Zeit, da gab es nichts. Es ist nicht so einfach, sich das vorzustellen. In diesem Nichts war alles, denn in diesem Nichts steckte schon alles, was einmal werden sollte, nur ohne Form. Schwierig zu verstehen?", fragte sie. „Stellt euch einfach vor, ihr seht ein Nichts, und dann seht ihr in diesem Nichts einen kleinen Punkt auftauchen – und dann entdeckt ihr, daß der Punkt gar kein Punkt ist, sondern eine kleine Bewegung, ein winziger Strudel im Nichts.

Diese Bewegung, die vorher in dem Punkt versteckt war, in diesem Punkt, der zuvor noch so klein gewesen war, daß es ihn gar nicht gegeben hatte, diese Bewegung also dehnt sich aus, wird größer, immer größer, bis sie in einer kraftvollen Bewegung durch das Nichts fährt, in Form einer riesigen großen Spirale, in der sich nun das Leben zeigt.

Die große Schlange ist es, die sich da am Himmel windet und vor Leben leuchtet. Könnt ihr sie sehen, ihr Drachinnen? Die große Schlange ist also aus dem Nichts geschlüpft, und sie wußte alles, was leben und was sein würde.

Alle Träume schliefen in ihr. Wenn ihr die Augen schließt, könnt ihr sie sehen, die große Göttin Schlange, wie sie sich durch den dunklen Himmel dreht und voller bunter Träume über das Leben ist. Sie schillert in allen Farben. Seht ihr es?" „Ja!", riefen die Drachinnen, die sich den Bildern überließen, die Großmutters Erzählung in ihnen schuf, „wir sehen sie!"

„Seht ihr, daß es die große Regenbogenschlange ist?" „Ja!", riefen sie wieder, „wir sehen das ganz genau".

„Und nun, während sie sich ausbreitet, wechseln ihre Farben. Manchmal erscheint sie dunkel, manchmal hell. Sie wandelt sich, während sie sich dreht. Seht ihr, daß ihr jetzt Flügel wachsen? Jetzt ist sie die große Drachengöttin geworden", lachte sie. „Und jetzt, sie dreht sich wieder, sie wandelt sich auf's neue, ihr wachsen Frauenbrüste. Sie zeigt sich nun als die Göttin der Frauen. Erneut wirbelt sie herum, bis sie wieder Schlange ist oder eine ihrer anderen unendlichen Formen. Sie liebt dieses Spiel der Verwandlung, in der ihre Kraft dieselbe bleibt. Sie liebt sich selbst, sie liebt das Leben in sich. – Ja, und weil sie das Leben in sich liebte, beschloß sie, es zu gebären. Es sich selbst leben lassen, außerhalb ihrer eigenen Träume, ihm eigene Gestalt geben, das wollte sie.

Ihre Liebe war so groß, daß sie ihre bunten Träume als lebendige Wesen eines nach dem anderen aus sich schlüpfen ließ. Ihre Wehen waren weich und sanft und doch voller Kraft und sie bereiteten ihr größte Lust. Bei jedem Wesen, das sie aus ihrem Leib gebar, schrie sie laut auf vor Entzücken, wenn sie es sah.

Als erstes schuf sie das Wasser, denn dieses quoll zuerst aus ihr, und ihre Liebe überschwemmte das Nichts um sie herum. Und alles, was sie danach gebar, gebar sie ins große Wasser hinein und nahm es dann wieder heraus, und so wurde alles zuerst in ihre weichste Liebe getaucht. Denn sie wollte, daß alles sich umhüllt fühlen sollte von ihrer Liebe. Und alle Wesen sollten sich freuen, daß sie außerhalb von ihr leben und sich doch ihrer Liebe und Gegenwart gewiß sein konnten.

Bald gebar sie die Winde, die gleich übermütig in verschiedene Richtungen stoben und tanzten und das Wasser wirbeln machten. Da jedes ihrer Windkinder wußte, wohin es gehörte, und jedes von anderer Art war, schufen sie die Himmelsrichtungen, so daß die große Schlange Raum haben solle für all ihre Wesen –. „Hört ihr die Winde blasen?", fragte die alte Drachin ihre Zuhörerinnen, „hört ihr, welche wilden Gesänge sie anstimmen, froh über ihre Geburt? Und hört ihr, wem die Schlange als nächstes Leben gibt? Hört ihr's donnern und blitzen? Ja, aus ihrem Bauch holt sie das Feuer und lacht dabei so schallend, daß ihr Lachen Flammen schlägt. Seht ihr, wie sie einen Blitz nach dem anderen durch den Himmel schickt, voller Freude über das Licht, das aus ihr gekommen ist?" Und Großmutter erzählte weiter:

„Nun wogten die Wasser, tanzten die Winde, krachten die Donner, leuchteten die Blitze, und dazu gebar sie überall kleine Wirbel von Feuer, von Gasen, von Luft. Bald drehten sich überall im großen Nichts bunte Bälle. Alle schillerten in verschiedenem Licht, und die Göttin spielte mit ihnen, ließ sie wirbeln, ließ sie funkeln und leuchten und warf sie weit ins dunkle All, so daß es auch in der fernsten Ecke des großen Nichts hell werden sollte. Über jeden Stern, den sie zum Funkeln brachte, juchzte sie vor Freude. Jedesmal wenn wieder ein neuer aus ihrem schillernden Leib schlüpfte, küßte sie ihn, bevor sie ihn anstupste und ihn so einen Platz im Raum sich suchen ließ.

Die Sterne fanden sich zu wunderbaren Mustern zusammen, sie umkreisten und umtanzten einander und bildeten zusammen weite Spiralen, die sich nach außen drehten und die Bewegung der Regenbogenschlange nachahmten, aus der sie entstanden waren. Unter diesen Sternen war auch unsere Sonne, unsere Erde und unsere Mondin. Erkennt ihr sie?", fragte sie die Zuhörerinnen. „Seht ihr unsere Erde, wie sie erschaffen wird? Jung und neu ist sie noch und ohne Schmerzen. Und seht ihr, wie sie die Mondin bekommt zur Schwester und beide mit der Sonne zusammen tanzen?" Ja, alle sahen es vor ihren inneren Augen, deren Blick von Großmutters Erzählung weit über die Zeit hinaus getragen wurde. „Die Schlangengöttin gebar alle ihre Träume", fuhr Großmutter fort. „Alle Ideen über die Welt erschuf sie, immer mehr kam hinzu. Während sie sich über das freute, was ihre Liebe an Vielfalt an den Tag brachte, stiegen neue Bilder in ihr auf, die sie sogleich wieder lebendig werden ließ.

Das Erschaffen bereitete ihr solche Lust, daß sie sich dabei selbst liebte und solches Entzücken hatte, daß sie zu tanzen begann. Und sie konnte von da an nicht mehr aufhören, diesen bunten Strom aus sich zu schaffen – bis heute.

Doch sie erschuf nicht nur. Wenn ihr genau hinschaut, seht ihr auch, wie sie zu anderen Zeiten dunkel wird. Ganz schwarz wird die Regenbogenschlange, doch an dem Glitzern ihrer Haut könnt ihr sie noch erkennen am dunklen Himmel.

Und nun seht ihr, daß sie verschlingt. Sie verschlingt alles, was alt und starr geworden ist. Alles, was nicht mehr in der alten Form leben möchte, alles, was nicht mehr vom Leben durchpulst ist. All das schlingt sie hinein in ihre Dunkelheit und läßt es in ihrem Inneren neue Träume finden für eine neue Geburt. So zerstört sie Altes, um Platz zu schaffen für Neues. Und alle danken es ihr. Von ihr verschlungen zu werden, bedeutet ja, wieder zurück in ihren fruchtbaren Bauch zu kommen, zurück in ihre schützende Dunkelheit, die den Wesen so lange Heimat gibt, bis sie wieder mit neuer Freude und neuer Kraft in die Welt springen möchten und sie sie wieder entläßt ins wirbelnde Leben. Sie ist die Mutter von allem, die Regenbogenschlange, die Spirale des ewigen Anfangs. Wenn ihr die Augen schließt, könnt ihr sie heute noch sehen, wie sie alles neu erschafft, wie sie alles aus dem Nichts gebärt.

Ihr könnt sie sehen, weil sie auch in jeder von euch lebt; denn jede von euch war dabei, als die Welt erschaffen wurde. Jede von euch war ein Leuchten in ihrer Haut und ein wachsender Traum in ihr. Jede von euch hat mitgeboren und war gleichzeitig eine Sehnsucht nach Leben in ihrem Innern, jede wurde so zu einer ihrer Töchter. Denn sie wollte mit all dem bunten Leben nicht mehr alleine sein, sie wollte die Freude daran teilen. Sie wollte ein Schöpfungsfest feiern.

Und so wurden ihre Töchter geboren, drei an der Zahl: Die erste nannte sie ‚Wachsen', die zweite ‚Reifen' und die dritte ‚Vergehen'. Diese drei gebaren darauf wieder jeweils drei Töchter. Und so tanzten sie zu dreizehnt den Tanz der Schöpfung."

„Könnt ihr sehen, wie sie tanzen?", fragte die Großmutter die Drachentöchter. „Tanzt ihr mit? Und fühlt ihr, wie ihr euch dreht in einem großen Kreis, in einer großen Spirale?"

Die Drachinnen waren ganz ruhig. Jede fühlte in sich das große Drehen, das große Schaffen, jede spürte in sich die unendliche Freude über die Vielfalt des Lebens, über die Farben, über die Wesen. Sie drangen dabei weit vor bis in ihr Innerstes, wo die Er-Innerung sitzt, die nie ausgelöscht werden kann und an die nur gerührt werden muß, um wieder in ihr zu leben, von ihr zu lernen und sie zu sein. Keine sprach ein Wort. Alle waren sie tief versunken, und als die Großmutter sprach, hörten sie deren Worte wie aus ihrem eigenen Innern tönen. Die Stimme sagte:

Ich bin die große Göttin. Ich bin die, die alles erschaffen hat, und ich bin die, die Alles-was-ist vereint, und in der alle eins sind. Ich schicke alles Leben aus, und zu mir kommt es zurück, wenn die Zeit dafür ist. Jeden Tag gebäre ich alles aus dem Nichts, und jede Nacht kehrt alles zu mir zurück, in meine Ruhe, die ewig ist.

„Dies ist eines der Lieder der großen Schlange, von denen es unendlich viele gibt und das aus jeder von euch klingt", sagte die Großmutter.

Nach einer langen Pause, in der alle Drachinnen das Lied der Regenbogenschlange in sich nachhallen ließen, meinte sie dann: „So, jetzt ist aber genug erzählt für heute abend. Es ist schon spät. Wir haben morgen viel vor, dafür sollt ihr ausgeruht sein. In die Schlafnische mit euch, ihr könnt ja kaum noch die Augen offen halten", schloß sie, und die Drachinnen rollten sich gleich darauf in ihr Schlaflaub, noch ganz im Zauber der eben gehörten Geschichte und rutschten ohne großen Übergang in ihre Träume. Die waren natürlich voll von drehenden, summenden, tanzenden Sternen und von Winden, Wirbeln und Wassern und Licht.

Wie die Drachinnen Großmutters heilige Höhlen gezeigt bekommen

Am nächsten Morgen flog die alte Drachin ihnen voraus auf die Spitze eines nahen, nicht allzu hohen Berges, der oben eine gute ebene Start- und Landefläche hatte. Sie fand, daß es Zeit sei für die Flugübungen. Großmutter betonte immer wieder: „Wenn eine Drachin nicht richtig fliegen kann, nützt keine höhere Drachenausbildung. Und ich will alle mit großen kräftigen Flügeln sehen am Ende des Jahres."

Was für die alte Drachin richtig fliegen können bedeutete, sollten sie in den häufigen Flugstunden im Laufe ihrer Ausbildung erfahren. Heute übten sie zuerst Saltos beim Fliegen. Einfache und mehrfache, vorwärts und rückwärts.

Ruach stellte sich zuerst etwas ungeschickter an als die anderen, die schon einige Zeit länger bei Großmutter waren und schon mehr geübt hatten. Doch als Großmutter sie danach Spiralen fliegen ließ, war sie hellauf begeistert, denn die hatte sie zu Hause mit Vorliebe geflogen. Großmutter flog ihnen ganz langsam und geschmeidig dieses Muster vor. Sie flog zuerst in sich allmählich verengenden Kreisen, bis sie in der Mitte ankam, stand dann einen Augenblick in der Luft still, um dann die Richtung der Bewegung zu wechseln. Es folgte ein kleiner Kreis, und in immer größer werdenden Bögen wand sie sich durch die klare Morgenluft. Alle staunten, wie behende und beweglich sie in ihrem Alter noch fliegen konnte. Als sie ihr ihre Bewunderung zeigten, meinte sie – und blies dabei ein hellblaues, durchsichtiges Wölkchen: „Ihr wißt doch, Fliegen können hat mit Weisheit zu tun – und mit Übung", setzte sie hinzu und forderte die Drachinnen auf, es ihr nachzutun. „Fliegt langsam und spürt dabei der Bewegung in eurem Innern nach."

Ruach stürzte als erste von der Plattform und zog einen großen weiten Kreis, dann wandte sie sich langsam nach innen.

„Dieses Muster ist so ähnlich wie die Bewegung meines Lebens", dachte sie dabei. Sie flog einen Bogen nach dem nächsten und näherte sich dabei einem Punkt, den sie sich in die Luft gedacht hatte, als einen starken Sog, der sie zu sich zog. „Eine Zeitlang lebe ich viel nach innen, bin öfters allein, träume viel vor mich hin, suche die Ruhe, mag gar nicht viel tun, und dann, wenn ich ganz und gar nachgebe, werde ich in meine Mitte gezogen, und da steht dann alles still. Manchmal will ich eine andere erreichen, es geht nicht, und ich fühle mich unsagbar einsam", erinnerte sie sich, als sie in der Mitte ihres letzten kleinen Kreises angekommen war. „Doch wenn ich mich ganz diesem Sog hingebe, nicht mehr vor meiner eigenen Tiefe davonlaufen will, tauche ich plötzlich ganz von selbst wieder auf. Andere begegnen mir, ich bekomme plötzlich Lust zu tanzen und zu singen, wir spielen, machen Ausflüge, und ich platze fast vor Energie. Bis irgendwann sich die Bewegung wieder umdreht", dachte sie, als sie die Bögen flog, die nach außen führten und in einem weiten Kreis endeten. Da fing dieser

Punkt in der Mitte wieder an, an ihr zu ziehen. Sie meinte, ihn sanft leuchten zu sehen, und ließ die Kreise enger werden. Sie flog drei Spiralen hintereinander, versuchte noch eine doppelte und landete dann recht aus der Puste auf der Landefläche.

Dort stand Großmutter und beobachtete die Drachinnen, die mehr oder weniger geschickt ihre Spiralen in die Luft malten. Gerade lächelte sie über Chanae, die vor Anstrengung rote Schwaden blies und in ihrem eigenen roten Nebel kaum etwas sehen konnte und immer wieder die Richtung verlor.

Ruach legte sich neben sie und schaute ebenfalls den anderen zu. „Die Mondfrau lebt auch so", sagte die Großmutter zu Ruach gewandt. „Ja", sagte Ruach, „sie wird voll – jede Nacht ein wenig mehr. Sie zeigt sich und leuchtet hell am Himmel. Und dann, wenn sie ganz rund geworden ist, uns nachts wach hält und zum Tanzen bringt und die Sterne in ihrer Nähe verblassen, weil sie ihr helles Licht verbreitet, dann wird sie wieder kleiner. Sie zieht sich langsam vom Himmel zurück, bis sie nur noch als winzige Sichel und schließlich gar nicht mehr zu sehen ist. Es ist, als sei sie verschwunden, und dann macht sie uns ruhig, und wir gehen mit ihr in die Tiefen. Erst dann taucht sie ganz zart wieder auf." „Ja, auch die Mondfrau lebt in Spiralen. Sie zaubert dabei mit unseren Stimmungen und mit unseren Körpern und auch unser Mondblut folgt ihr."

Als alle Drachinnen wieder gelandet waren und flach ausgestreckt auf ihren Bäuchen lagen, um sich auszuruhen, sagte Großmutter: „Für heute seid ihr genug geflogen. Wir fliegen jetzt heim, denn wir haben noch etwas anderes vor heute. Es ist Neumond, und das ist eine gute Nacht, um die hinteren Höhlen zu besuchen", kündigte sie an.

Ruach wurde ganz aufgeregt bei diesen Worten der alten Drachin. Sie wußte, daß hinter der großen Wohnhöhle noch eine Höhle lag. Ein schmaler Gang führte ganz hinten in der dunkelsten Ecke der Halle in das Innere des Berges. Die anderen hatten ihr gleich erzählt, daß da Großmutters heilige Höhle sei, die sie nur zu ganz besonderen Gelegenheiten betreten dürften.

Sie hatte sich immer wieder gefragt, wie es da im Inneren der Erde wohl aussähe und was da Besonderes sei, so besonders, daß es nicht erlaubt war, einfach hinzugehen und es sich anzuschauen.

Bei Einbruch der Dunkelheit war es soweit. Großmutter ging voran, hinter ihr die jungen Drachinnen, eine nach der anderen. Da Drachinnen so glühende Augen haben, können sie auch im Dunkeln noch ein bißchen sehen, mehr als die Menschen jedenfalls. So tasteten sie sich den engen, dunklen Gang entlang, der sich langsam in die Tiefe wand. Sie tappten lange durch die Dunkelheit, und Ruach kam es vor, als würden sie sich direkt auf das Innere der Erde zu bewegen. Doch dann ging es nur noch ein paar Steinstufen hinab, und sie betraten eine längliche Halle. Kleiner war sie als die Wohnhöhle, und nicht so hoch. Die Wände glänzten jedoch von oben bis unten, und überall hatte jahrhundertelang tropfendes Wasser Säulen gebaut, die wie Gestalten im Raum standen.

Die ganze Zeit hatten sie kein Wort geredet. Nun setzten sie sich mit Großmutter in einem Kreis in die Mitte der Höhle. Um sie herum standen die schweigenden Steine. Großmutter schloß die Augen, und die anderen taten es ihr nach. Ruach spürte den glatten, feuchten Boden unter sich. In der Stille hörte sie Wasser auf Stein tropfen – ganz gleichmäßig hallten diese leisen Geräusche durch den weiten Raum. Je länger sie so da saß und die Steine und die Erde um sich fühlte, desto schwerer wurde sie. Es war, als wolle die Erde sie in ihre Mitte ziehen.

Zuerst machte ihr die Schwere Angst. Sie versuchte einen Flügel zu heben, doch diese waren so bleiern schwer, daß sie es aufgab. Sie hörte auf, gegen dieses Gefühl zu kämpfen, gab einfach nach und ließ sich fallen. Sie wurde immer schwerer, bis sie mit der Erde verschmolz und selbst zu Stein wurde. Sie fiel in einen endlosen Schlaf – obwohl sie hellwach war – und fing gleichzeitig an zu träumen. Jahrhunderte zogen an ihr vorüber, wie Wogen schwappte die Zeit über sie hinweg. Nun war sie so alt wie dieser Berg. Und noch älter wurde sie, bis sie so alt war wie die Erde selbst. Sie hörte die Zeit tropfen, wie Wassertropfen auf Stein. Die Tropfen fielen durch sie hindurch und sie lauschte ihnen nach.

Da fiel die Schwere von ihr ab. Der dichte Stein, der sie war, begann sich aufzulösen in kleine Teilchen, die sich so drehten, daß sie zu Tausenden von kleinen Lichtern wurden, die in ihr aufblitzten. Sie saß da, fühlte diese Bewegung in sich und um sich herum. Sie hatte keine festen Grenzen mehr, ihre Lichter schwirrten um sie. Auch ihre Drachenschwestern neben ihr hatten sich in lauter drehende Lichter verwandelt. Ruach genoß dieses Gefühl, das aus ihrer innersten Mitte zu kommen schien und alles in ihr zum Leuchten brachte.

Auch die Erde unter ihr und um sie war dieses Leuchten und Blitzen, so daß sie gar nicht mehr wußte, wo sie selbst war und wo die anderen waren, wo sie selbst aufhörte und wo die Erde begann. In diese, sich überall verbreitenden Lichter sank sie noch tiefer, bis sich die unzähligen kleinen Leuchtpunkte auflösten in ein großes rotes Licht, in dem sie glühte. Nun wußte sie, sie war im Inneren der Erde angekommen. „Ruach", sagte die Erde, „Ruach, ich brauche dich". Und die tiefe warme Stimme der Erde tönte durch sie hindurch.

Gleich darauf wurde sie von einem großen Wirbel ergriffen, mit dem sie wieder auf dem Boden der Höhle landete inmitten der Drachenfreundinnen. Und die Großmutter sagte:

„Ihr habt die Erde getroffen, indem ihr zu Stein geworden seid in der Höhle der schweigenden Steine. Jetzt sollt ihr aber wieder zu jungen Drachinnen werden. Dafür tanzt und hüpft ihr am besten eine Weile."

So streckten und reckten sie ihre Glieder, kamen langsam und immer noch schwer wieder auf ihre Beine. Myra war die erste, die anfing zu tanzen. Sie nahm den Rhythmus der Wassertropfen auf, indem sie dazu langsam mit den Beinen stampfte und tiefe Laute tönte. Die anderen verstärkten mit ihren Füßen den Takt. Auch aus ihren Bäuchen kamen dunkle Töne, die sie der Erde sangen. Sie grüßten diese mit ihrem Stampfen und ihren Tönen, und aus dem Echo, das von den Wänden widerhallte, antwortete sie ihnen. Ihre Tänze wurden wilder und schneller, ihre Schreie lauter. Es kamen kleine Feuerwerke dazu und vor Ruachs Augen tanzten auch die Steinsäulen mit. Sie probierte aus, ob sie schon so leicht war, daß sie hüpfen konnte, und sie machte hohe Sprünge, die ihr die anderen gleich nachmachten. Die höchsten Sprünge machte Großmutter. „Übung", sagte sie lachend. „So oft bin ich hier schon Stein gewesen, um mit der Erde zu sprechen, und jedesmal mußte ich mich danach wieder zur Drachin tanzen", meinte sie noch.

Dann ging Großmutter zur hinteren Wand der Höhle und holte aus einer Felsnische etwas hervor, das sie in die Mitte des Kreises trug. „Und das ist es, was wir hier in der Höhle der Steine hüten", sagte sie dazu.

Mitten im Kreis lag nun auf einem flachen Stein eine kleine, goldglänzende Figur. Sie hatte den Körper einer Schlange, die Brüste und den Kopf einer Frau und die Flügel einer Drachin.

„Das ist ja die Schlangengöttin, von der du gestern Abend erzählt hast", sagte eine der jungen Drachinnen erstaunt. „Nur, daß sie ganz klein ist und aus Gold." „Ja, diese Figur hat eine Menschenfrau gemacht und hat sie einer meiner Ururgroßmütter gegeben zum Aufbewahren, so daß alle Drachinnen und alle Frauen sich an sie erinnern können, wenn sie es wollen. Wir hüten das Bild der großen Schlangengöttin, das sonst auf der Welt bei den Menschen in Vergessenheit geraten ist." Als Großmutter dieses sagte, durchzuckte es Ruach. Seit sie hier im Land der Höhlen war, hatte sie kaum an den goldenen Ring und an das, was der Kristall ihr erzählt hatte, gedacht, da sie von all dem Neuen so in Anspruch genommen war. Doch jetzt fiel ihr alles wieder ein. Der Ring unter ihren Herzschuppen brannte und sie tastete nach ihm. Sie nahm ihn hervor und legte ihn neben die goldene

Figur. „Auch dieser Ring ist von einer Frau der alten Zeit und soll eines Tages wieder an eine Frau gegeben werden“, sagte sie leise.

„Von dir, Ruach,“ setzte die Großmutter hinzu, „wenn die Zeit dafür gekommen ist“. Ruachs Herz klopfte so laut, daß sie meinte, alle müßten es hören. Zuerst konnte sie gar nichts mehr sagen, dann holte sie tief Luft und sagte, zu den Drachinnen gewandt: „Am besten, wir hüten sie solange zusammen, die Figur der Göttin und den Ring.“ Und sie trug, mit Großmutter, die zwei Gegenstände in die Felsnische zurück. Die alte Drachin murmelte noch ein paar Worte vor sich hin, die Ruach jedoch nicht verstand. „Zum Schutz“, erklärte sie. Und dann drehte sie sich zu den anderen um: „Wir hüten noch etwas hier in unseren Höhlen. Doch, um euch das zu zeigen, muß ich euch noch ein Stückchen weiter führen.“

Sie ging auf das hintere Ende der Höhle zu und schob dort eine schwere Felsplatte zur Seite. Die jungen Drachinnen halfen ihr dabei. Dahinter war eine Öffnung, nur so groß, daß eine mittelgroße Drachin hindurchpaßte. Dahinein schlüpfte nun eine nach der anderen. Sie krochen einen schmalen Gang entlang und kamen in eine kleine Höhle, die gerade genug Platz für alle hatte. Die Höhle war kreisrund. Der Boden hatte eine Kuhle und die Decke eine Wölbung, so daß sie sich inmitten einer richtigen Kugel befanden. Sie setzten sich im Kreis um drei runde Steine. Jeder Stein hatte eine andere Farbtönung und alle drei eine glatte, glänzende Oberfläche. Ruach betastete sie und staunte über ihre Weichheit – als wären sie schon von ganz vielen Drachenflügeln berührt und von ganz vielen Frauenhänden gestreichelt worden.

Doch außer diesen Steinen war in der Höhle sonst nichts zu sehen. Sie betrachtete aufs genaueste die Höhlenwände, die aus rötlichem Gestein waren und feucht schimmerten und in denen sie sich sanft eingehüllt fühlte. Doch nirgends konnte sie einen Schatz entdecken, der hier gehütet wurde. Auch die anderen schauten sich verwundert in der kugeligen Höhle um. Großmutter zog auch hier eine schwere Steinplatte vor den Eingang. So saßen sie alle im Dunkeln. Nur die Steine in der Mitte gaben einen sanften, geheimnisvollen Schimmer von sich und ihre Augen leuchteten schwach.

„Schließt eure Augen und öffnet eure Ohren!", sagte die Großmutter. Ruach machte ihre Augen zu und lauschte. Lange Zeit war es still. Sie hörte nur das Rascheln der Flügel, wenn sich eine der Drachinnen bewegte und das leise Schnauben aus ihren Nüstern, das allmählich ruhiger wurde. Ruach dämmerte in die Wärme der Höhle hinein, als sie plötzlich einen ganz feinen, hellen Ton hörte. Es war keine Stimme, die diesen Ton sang, sondern etwas anderes ließ diesen Ton klingen. Der Ton schwang mitten durch ihr Herz, und sie lauschte ihm ergriffen nach. Immer mehr Töne kamen hinzu, bis der kleine Raum erfüllt war von Musik. Sie war so schön, daß Ruach Tränen kamen. „Wer nur diese Töne macht?" rätselte sie. Sie waren so unterschiedlich. Manche klangen, als würde Holz zum Schwingen gebracht oder als würden Erze aneinander geschlagen. Und bei manchen konnte sie sich ihre Entstehung überhaupt nicht erklären. Dann fing eine hohe, silberne Frauenstimme zu singen an, eine weitere weiche kam hinzu, eine dritte tiefere klang mit und bald hörte Ruach einen ganzen Chor singen. Auf und ab schwoll der Gesang der Frauenstimmen, kräftig, laut und voll wurde er. Dann schwebte er wieder in leisen, zarten Tönen durch den Raum.

Ruach ließ sich von den Klängen tragen. Sie vergaß alles um sich herum, und die Zeit floß durch sie hindurch. Sie erschrak beinahe, als sie Großmutters Stimme wieder hörte, die sagte: „Es ist Musik, die wir hier hüten. Musik, die die Frauen früher in ihren Tempeln für die Erde und den Himmel gespielt haben. Sie haben sie hierher gebracht, als ihre Tempel zerstört wurden. Sie wollten nicht, daß sie vergessen würde. Wenn ihr nun eure Augen nach innen öffnet, könnt ihr vielleicht auch die Frauen sehen, die diese Musik geschaffen haben."

Ruach richtete ihren Blick nach innen, wie sie es von der Großmutter gelernt hatte. Sie ließ Bilder vor ihren inneren Augen auftauchen. Als erneut diese zauberhaften Töne erklangen, sah sie eine Frau vor sich. Sie trug ein weißes Gewand und hielt einen Gegenstand aus Holz vor ihrer Brust, der mit feinen Strängen bespannt war. Mit zärtlichen Fingern strich sie darüber und entlockte ihm diese wunderbaren Töne, die Ruachs Herz zum Schmelzen brachten. Sie lachte, während sie spielte, eine andere Frau an, die etwas Glänzendes aus Erz in der Hand hielt und mit einem Stab darauf schlug. Und die Töne, die sie schuf, klangen wie helles Lachen. Ruach sah noch viele andere Frauen, auch die Frauen, die sangen. Sie hatten sich an den Händen gefaßt und standen so in einem Kreis, und alle befanden sich in einem lichtdurchfluteten, weiten Raum. Die Freude, die aus ihren Tönen klang, sprang auf Ruach über, und sie hörte sich selbst singen. Ihre Stimme verschmolz mit dem Chor der Sängerinnen, und sie befand sich mitten in deren Kreis und in deren Harmonie.

Wieder war in ihrem Herzen das Ziehen, das sie beim Schauen in den Kristall das erste Mal verspürt hatte. Ihr quollen Tränen aus den Augen, mit denen Glück aus ihrem Herzen strömte.

Sie sah die Frauen noch einmal an, eine nach der anderen. Sah die gelösten und frohen Gesichter der Sängerinnen, betrachtete die hellen Gewänder, und dabei sah sie an der Hand einer der Frauen einen schmalen, goldenen Ring blitzen. Sie sah genau hin, und an dem Klopfen ihres Herzens erkannte sie den Ring.

„Siehst du deinen Ring?", fragte in diesem Augenblick die Großmutter, „er ist auch mit dabei."

„Ja, ich habe ihn gerade entdeckt", antwortete Ruach leise und fühlte die Stelle unter ihren Schuppen, an der er vorher gelegen hatte. Die Stelle brannte immer noch.

Langsam öffnete sie die Augen. Als erstes fiel ihr Blick auf die Steine in der Mitte des Raumes, die nun von einem hellen, deutlichen Lichtschein umgeben waren. Ganz allmählich wurde dieses Licht der Steine schwächer. Dann schaute sie sich nach ihren Drachenfreundinnen um. Eine nach der anderen öffnete die Augen, die hell strahlten.

Ruach sah, daß die anderen, genau wie sie, berührt waren, von der Musik der Frauen.

Myra, deren Gesicht feucht von Tränen schimmerte, sagte voller Sehnsucht: „Ich möchte singen, es macht das Herz so weit." Die anderen stimmten ihr zu, und sie beschlossen, morgen einen Musik- und Singabend zu machen. „Wenn ihr dann noch singen könnt", sagte die Großmutter mit einem Schmunzeln. „Wir werden nämlich tagsüber eine Wanderung in der Wüste unternehmen." „Eine Wanderung?" fragten die Drachinnen erstaunt, da sie jetzt doch so ans Fliegen gewöhnt waren.

„Ja, eine Wanderung. Ihr habt richtig gehört. Damit eure Beine auch mal wieder ein bißchen in Bewegung kommen und damit ihr die Welt der Wüste aus der Nähe seht."

Großmutter hatte schon die Steinplatte beiseite geschoben, und die Drachinnen erhoben sich langsam von ihren Plätzen. „Die Musik ist sehr empfindlich, deshalb muß sie ganz besonders gut geschützt werden", erklärte sie, als alle Drachinnen durch den Höhleneingang geschlüpft waren und sie zusammen die Steinplatte wieder vor den Eingang schoben. Diese war von außen mit verschiedenen Zeichen bemalt, deren Bedeutung Ruach nicht kannte.

In der Wohnhöhle angekommen, wärmten sie sich noch kurz am Feuer, krochen dann aber todmüde in ihre Schlafnischen. Myra kuschelte sich ganz nah an Ruach und flüsterte: „Mein Herz sehnt sich nach Musik." Am nächsten Morgen kam es Ruach vor, als hätte die ganze Nacht wunderschöne Musik aus Myras Träumen in ihre Träume hineingeklungen.

Wie die Drachinnen die Wüste kennenlernen

Als sie am nächsten Morgen am Rande der Wüste landeten, stapfte die alte Drachin gleich los und alle anderen hinterher. Ruach beobachtete Großmutter, wie sie vor ihnen ging: Geschmeidig bewegte sich ihr Körper, die Muskeln spielten voller Lebenskraft unter ihrer Haut, kräftig und entschieden war sie. Ruach erinnerte sich an andere Momente. Wie klein und durchsichtig sie wirkte, wenn sie mit ihnen am Feuer oder auf dem Berg die Stille und das Farbensehen übte, so, als sei sie aus ganz feinem Stoff, den sie vom Himmel sammelte.

„Heute sprüht sie vor Lebenslust, und sie sieht so stark aus, als könnte ihr der heftigste Wüstensturm nichts anhaben", dachte Ruach. Die strahlende Sonne schien auf Großmutters Haut und ließ das Gold in ihren Schuppen noch heller glänzen. „Ob ich wohl auch mal so stark und weise und golden werde wie Großmutter?", murmelte sie vor sich hin und betrachtete dabei ihre noch nicht ganz ausgewachsenen Flügel und den feinen, kaum zu erkennenden Goldschimmer auf einigen ihrer Schuppen.

Sie wurde von Myra aus ihren Gedanken gerissen, die von hinten angerannt kam und sie anrempelte, worauf beide in den heißen Sand fielen. Ruach mußte lachen. Gleichzeitig aber war sie auch wütend über den unerwarteten Angriff und fing an, mit Myra zu raufen. Sie versuchte, sich auf sie zu rollen, biß ihr in den Nacken, pustete ihr heißen Sand in die Nasenlöcher und kniff sie mit den Krallen in die Seite unter die Flügel, da, wo Drachen sehr empfindlich sind. Myra war sehr kitzelig und konnte sich zwischendurch vor lauter Lachen kaum wehren, schaffte es aber dann doch, sich wieder auf Ruach zu stürzen, so daß sie beide über den heißen Sand rollten. Die anderen hatten sich um sie geringt und feuerten sie an, schrieen entweder „Ruach" oder „Myra". Chanae, die kleinste von allen – sie war aus dem fernen China gekommen, wo Glücksdrachen noch ein gutes Ansehen hatten, wie sie erzählte – Chanae also, fing an, Rumara, die Drachin mit den rötlichschwarzen Schuppen, die neben ihr stand, mit Sand zu bewerfen. Die ließ sich das natürlich nicht gefallen. Bald darauf waren alle in eine große Rauferei verwickelt, bei der der Sand nur so durch die Luft flog, bis sie alle in eine große Wolke gehüllt waren. Irgendwann waren die Drachinnen aber so erschöpft, daß sie sich in den Sand legten und sich die glühende Sonne auf die Bäuche scheinen ließen.

Die Wüste ist ein Paradies für hitzesüchtige Drachinnen. Sie verbrachten den ganzen Tag dort. Sie hatten eine Stelle gefunden, an der sie sich die weißen Sandberge hinunter rollen lassen konnten und dabei soviel Sand aufwirbelten, daß die Wüstenhasen dachten, ein Sandsturm hätte angefangen und sich schnell in ihre Löcher verkrochen.

Später zeigte Großmutter ihnen alle Pflanzen, die da wuchsen: Die Kakteen mit ihren leuchtenden Blüten, die trockenen Wüstengräser, die struppigen kleinen Büsche. Sie erzählte ihnen von den Tieren, die hier zu Hause waren. Tiere, die die Hitze genau so liebten wie sie. Und auch von der Wüstenschlange sprach sie, die auch hier lebte und mit der sie eine innere Verwandtschaft hatten. Doch den ganzen Tag trafen sie auf kein einziges Tier.

„Mit der Wüste mußt du dich erst anfreunden“, meinte Großmutter dazu. „Das geht nicht so schnell. Nicht beim ersten Spaziergang und besonders nicht mit einer Rasselbande wie euch, die wild durch den Sand tobt. Und vor dem Lärm, den ihr macht, verzieht sich selbst der kühnste Wüstengeier. Die Wüste braucht Zeit, bis sie sich zeigt. Aber dann zeigt sie euch ihre Tiefe, ihre Entschiedenheit, ihren Zauber.“

Doch sie selbst war anscheinend auch sehr zufrieden mit dem Ausflug. So sah sie wenigstens aus, als sie sich noch einmal wohlig ächzend im Sand wälzte. „Wir werden sie noch öfters besuchen, die schöne Wüste“, meinte sie, nachdem sie wieder aufgestanden war und sich den Sand aus den Schuppen geschüttelt hatte.

„Und jetzt schaut mal dort hinten zum Horizont, die Sonne geht unter.“ Ganz ruhig lagen sie plötzlich da, keine sprach ein Wort. Sie schauten der Sonne zu, wie sie die Wüste in ihr rotglühendes Licht tauchte, das von dem Sand und den Steinen zurückgeworfen wurde. Auch sie hatten alle einen roten Glanz auf ihren Schuppen, der durch ihre Haut hindurchsickerte und ihren inneren Kern berührte und zum Glühen brachte. Je tiefer die Sonne glitt, um so mehr Farben kamen hinzu, die über die Sandhügel flossen und die Sandwellen in ein buntes Meer verwandelten. Ruach schaute die anderen an. Jede von ihnen war von einem farbigen Schein umgeben, der bei jeder verschieden aus ihrer Haut strahlte und jede verzauberte. „Schön sind wir alle. Und jede trägt ein Geheimnis in sich", dachte Ruach. Und ihr Herz wurde weit für alle ihre Freundinnen.

Als der Himmel hoch und dunkel geworden war und die feine Mondsichel sichtbar wurde, die Neues versprach, machten sie sich auf den Heimweg, auch wieder zu Fuß. Immer noch waren sie dabei still, als seien sie von etwas berührt, was sie noch nicht benennen konnten.

Und in dieser Nacht hatten sie alle wundersame, bunte Träume. Träume, aus denen Geheimnisse schimmerten und die aus der Tiefe riefen.

Wie Ruach über sich selbst lernt und von der Menschenfrau träumt

Vieles erfuhren und lernten die Drachinnen in der Zeit, die darauf folgte. Des öfteren flog die alte Drachin nachts mit ihnen auf den Berg über der Höhle und zeigte ihnen von dort die Sterne.

Im klaren, von Sternen glitzernden Nachthimmel, fand sie Muster, die die Sterne zeichneten, und sie erzählte ihnen von der seit alters her überlieferten Deutung dieser Bilder.

„Die Sterne schenken uns ihre Kraft“, sagte Großmutter dazu, „und sie helfen uns zu wachsen. Manchmal machen sie uns das Leben leicht, manchmal stellen sie uns auch etwas schwierigere Aufgaben, die, wenn wir sie lösen, uns Licht in unsere Seele bringen“, erklärte sie. „Die Sterne sind unsere Freundinnen im All. Jede teilt etwas anderes mit uns, und alle zusammen spielen uns die Melodie für den Tanz unseres Lebens.“

Sie zeigte ihnen die Sterne, die jede Nacht durch den Himmel wanderten, und sie konnte sogar im voraus sagen, welche Bahn sie nächste Nacht ziehen würden.

Fast jedesmal, wenn sie auf dem Berg waren, ließ Großmutter sie die Strahlen der Sterne spüren. Sie lagen dann ganz lange da und schwiegen, schauten alle zu einem der blinkenden Sterne hinauf, sahen sein ihm eigenes Licht, ließen sich davon durchfluten und sein Leuchten zu ihnen sprechen.

Sie suchten Worte für ihn und Farben und versuchten, sein Wesen zu erkennen durch das, was er in ihnen zum Klingen brachte.

So fanden sie auch jeweils ihre Lieblingssterne heraus. Nicht jede fühlte sich mit dem gleichen Stern verwandt. So entdeckten sie auch die Unterschiede untereinander und die Eigenarten jeder einzelnen.

Doch alle liebten die Mondfrau. Sie verfolgten ihr Wachsen, staunten über die von ihrem silberweichen Licht verwandelte Welt. Sie schauten von da oben weit über die spitzen Bergketten des Landes der Höhlen, deren Formen durch das Mondlicht noch geheimnisvoller wirkten, als am Tage, bis hin zur Wüste, die zum hellglänzenden Meer wurde.

Eines Nachts, als sie wieder in der Kuhle zwischen den zwei Gipfeln lagen und die Mondin sie mit ihrem Licht weich umhüllte, sang Myra ein Lied, das sie in sich gefunden hatte. Das war so schön, daß lange Zeit danach keine etwas sagen konnte, weil jede in sich den Klängen nachlauschte.

Als erste fing Großmutter zu reden an. „Ich glaube, Myra hat mit der Musik etwas gefunden, das direkt aus ihrem Herzen kommt und in das ihre Liebe fließen kann. Sie wird uns sicher noch viele schöne Lieder schenken."

„Hat denn jede von uns etwas, das für sie besonders ist?" fragte Chanae mit leicht beunruhigter Stimme. „Werde ich auch eines Tages so wundervolle Geschenke an euch geben können, wie Myra?"

„Ja, klar," sagte Großmutter, „jede von euch hat

etwas ganz Eigenes. Ihr eigenes Leuchten, ihre eigene Schönheit, in der sie ihre Kraft zeigen kann. Auch du, Chanae, brauchst dich nicht zu vergleichen. Es geht überhaupt nicht, einander zu vergleichen, denn jede von uns ist einzigartig. Verstehst du das? Diese Einzigartigkeit ist einfach zu sehen, wenn du in das Herz jeder einzelnen schaust, sie ist jedoch nicht immer einfach zu benennen. Es kann eine Art zu lachen sein, die andere fröhlich macht. Es kann eine tiefe Stille sein, die eine in sich bewahrt, und damit anderen hilft, diese Stille auch in sich zu berühren. Es kann eine Verwandtschaft sein, die eine von euch zu anderen Tieren, Pflanzen, zu Geistern oder zu Menschen fühlt, sich deshalb leicht mit ihnen verbindet. Es kann die Lust am Kuchenbacken sein, in die diejenige nicht nur alle Zutaten hineinbäckt, sondern auch ihre Liebe. Überhaupt ist das, was euch am meisten Spaß macht, auch das, womit ihr die anderen am meisten beschenken könnt. Deshalb versucht jetzt nicht verzweifelt, eure ganz besonderen Fähigkeiten zu finden. Seid einfach die, die ihr seid, jetzt, jeden Tag. Entdeckt, was euch am meisten Freude macht, schenkt euch selbst eure innige Liebe. Wachst im Vertrauen und eure Gaben werden sich von selbst entfalten, wie bei Myra. Sie liebt die Musik und kann alles darüber vergessen. Sie läßt sich durch Töne verzaubern, und jetzt kommen aus ihrem Inneren Klänge und Melodien, mit denen sie uns beschenkt und für die Musik öffnet. Auch für die Musik in uns selbst. Denn Klänge tragen wir alle in uns."

Als Myra danach noch einmal ihr Lied sang, summten die anderen mit. Vers für Vers brachte sie es ihnen bei, und so wurde es zu einem Schatz, den sie alle hüteten.

„Dein Mondlied ist so schön“, flüsterte Ruach und schmiegte sich ganz dicht an Myra und rieb ihre Haut ganz zart an ihrer. „Es waren die Frauen“, sagte Myra leise. „Als ich ihre Musik in der runden Höhle gehört habe, wußte ich, wohin meine Sehnsucht geht.“ Als Myra dies sagte, durchzuckte es Ruach. Sie sah die Frau mit dem Ring an der Hand vor sich und wurde tieftraurig. „Ob meine Sehnsucht auch ihren Weg finden wird, eines Tages? Ob es tatsächlich wahr werden wird, was ich mir erträume?“ fragte sie sich. Ob sie jemals die Menschenfrau treffen und diese den Ring bekommen würde? Es erschien ihr so unerreichbar. Sie sah keine Schritte, die sie tun könnte, um der Begegnung näher zu kommen. Myra bemerkte Ruachs Traurigkeit und fragte: „Was ist plötzlich los mit dir? Hast du dich wieder an die Frau erinnert?“ Ruach nickte nur, antwortete sonst gar nichts, starrte vor sich hin. „Ob es jemals geschehen wird?“ sagte sie dann. „Vielleicht war ja alles nur ein ganz unwirklicher Traum. Vielleicht haben die anderen Drachen, von denen meine Mutter mir erzählt hat, ja recht, wenn sie meinen, daß Menschen mit uns Drachen nichts zu tun haben wollen?“

Diesen Abend und auch noch den ganzen nächsten Tag blieb Ruach in sich gekehrt und sprach mit keiner. Nachts schlief sie abseits von den anderen, und am Morgen darauf erzählte sie ihnen einen Traum: „Ich sah eine Frau, eine Frau mit kurzen, dunklen Haaren. Sie schwamm im Meer und war tief unten, da, wo es am dunkelsten ist. Ich erkannte die Frau. Mein Herz sprang vor Freude und Verlangen, sie zu sehen ihr nahe zu sein, ihr direkt ins Gesicht zu schauen und zu erkunden, wer sie war. Ich wollte zu ihr schwimmen, aber da waren viele Pflanzen im Wasser, die mich zurückhielten. Und als ich mich freikämpfen wollte, umschlangen sie mich um so fester. So rief ich, rief immer wieder, rief, so laut ich konnte. Doch aus irgendeinem Grunde hörte sie mich nicht. Obwohl sie weit entfernt war, spürte ich sie, als sei sie neben mir. Ihre Gefühle erreichten mich durch das schweigende Wasser hindurch. Traurigkeit berührte meine Haut und erweckte mein Herz so, daß alles in mir ihr helfen wollte. Meine Verzweiflung war groß. Ich sah, wie sie langsam und kraftlos weiterschwamm, mit gesenktem Kopf, nahe am Grunde des Meeres – unerreichbar durch meine Stimme und meine Sehnsucht. Sie war auf der Suche, so sah es für mich aus. Traurigkeit trieb sie, und sie war allein.

Ich fing an zu weinen, als ich meine Versuche, ihr Zeichen zu schicken, aufgeben mußte, und ich ließ mich zur Wasseroberfläche treiben. Das Schlimmste war, daß ich sie gefühlt hatte und ich ihr allen Mut geben wollte, der in mir bis zu diesem Augenblick gewachsen war, und daß sie nichts von mir wußte.

Als ich heftig schluchzte und die goldene Kugel an mich drückte, die mein ungesehenes Geschenk für sie war, begann das Wasser um mich herum heftige Wellen zu schlagen, und sein Rauschen vermischte sich mit meinen Klagen. Daß das Wasser mit mir fühlte, tröstete mich. Erst, als meine Verzweiflung still geworden und das Wasser zur Ruhe gekommen war, hörte ich von weit her eine Stimme singen. Unsicher, weich und wehmütig. Ich wußte, es war die Frau, die für sich selbst sang. Die Kugel sprang in mein Herz, strahlte von da und machte mich hell und froh. Dann wachte ich auf."

Großmutter wandte sich zu ihr und in ihren Augen blitzte es golden. „Der Traum sagt dir doch ganz deutlich, daß es nicht die Zeit für eine Begegnung ist, und er zeigt dir auch, daß, wenn du darum kämpfst, du ihr keinen Schritt näher kommst."

„Die Frau, mit der du in Verbindung bist und die du so gerne treffen willst, muß vielleicht erst ihre Liebe zu sich selbst finden, und vielleicht hat sie gerade damit begonnen", meinte eine der Drachinnen zu Ruach.

„Ich glaube, das einzige, was du jetzt tun kannst, Ruach, ist, dein Wissen und deinen Mut zu vermehren. Und das ist viel!", riet Großmutter ihr. „Es ist deine Zeit, aus dir heraus zu wachsen und vertrauen zu lernen. Vertrauen in deine inneren Töne, deren Klängen du folgen kannst, die Wirkung zeigen werden, andere erreichen können und die Kraft der Verwandlung in sich tragen.

Du kannst dir die Begegnung mit der Frau vorstellen, in den schönsten Farben, in allen Einzelheiten, wenn du möchtest, und das übrige deinen Tönen überlassen. Eure Wege werden sich berühren, wenn ihr beide euren eigenen Weg weit genug gegangen seid."

Ruach erwiderte nichts mehr. Die Tage darauf war sie schweigsam und nachdenklich, jedoch nicht mehr bedrückt und ratlos. Allmählich kam wieder dieses freudige, sanfte Glühen und Glänzen in ihre Augen, das Myra so sehr an ihr liebte. Und als sie sich das nächste Mal umarmten, stellte Myra fest, daß Ruachs Flügel in der Zeit ihres Schweigens um ein ganzes Stück gewachsen waren.

Der Flug zu dem alten Platz der Frauen

Die Zeit des Vollmondes näherte sich. Großmutter hatte schon einige Tage zuvor angekündigt, daß sie, wenn die Mondin rund und voll sei, einen Ausflug machen würden. Die Drachinnen waren aufgeregt und rätselten, wohin es diesmal gehen solle. Myra vermutete, daß sie vielleicht eine der Höhlen besuchen würden, von denen es hier so viele gab und die voller Geheimnisse waren. Doch Großmutter sagte lachend: „Laßt euch überraschen!", und in ihren Augen blitzte es. Sie versetzte die jungen Drachinnen gerne in Aufregung und Spannung, und sie blies dabei Rosa, Gelb und Türkis aus ihren Nüstern, vor lauter Freude.

„Morgen fliegen wir los", meinte sie eines Abends, als die Mondin groß und hell am Himmel stand, mit nur noch einer Delle an der Seite ihrer Rundung. „Wir werden über Nacht weg sein, bereitet euch darauf vor", meinte sie. Am nächsten Morgen nach dem Frühstück fragte sie: „Alle soweit? Dann kann's ja losgehen." Als sie losflog, strahlte die aufgehende Sonne im Gold ihrer Schuppen. Ruach schloß sich ihr mit dem ganzen Schwarm der Drachinnen an. So flogen sie über das bergige, kahle Land der Höhlen und näherten sich dann dem Meer. Stundenlang flogen sie über die blaue, leicht gekräuselte Fläche und atmeten die würzige, salzige Meeresluft. Erst gegen Nachmittag sahen sie am Horizont wieder einen Streifen Land. „Da vorne ist die Insel, zu der wir fliegen“, rief die Drachengroßmutter. Als sie sich der grünen Insel näherten, sahen sie hohe Berge, staunten über Olivenhaine, entdeckten Orangen- und Zitronenbäume, überflogen buntblühende Wiesen und dann auch wieder felsige Höhen. Die Sonne begann schon beinahe unterzugehen, als die Großmutter zur Landung ansetzte.

Eine nach der anderen landeten sie auf dem freien Platz, auf dem die alte Drachin schon stand, und schauten sich um. Steinbrocken lagen herum, etliche abgebrochene Säulen waren über den ganzen Platz verstreut. Mauerstücke fanden sie, auf denen noch Reste von Gemälden zu sehen waren. Ruach trat näher an die Mauern heran und erkannte Delphine auf den Bildern und Reste bunter Blumen und Spiralmuster, die die Bilder umrahmten.

Während Ruach umherlief und sich alles anschaute, spürte sie wieder dieses Ziehen im Herzen, das sie nur ganz selten und zu ganz besonderen Gelegenheiten hatte.

Ihr Herz klopfte schnell, als sie zwischen zwei Säulen, die noch standen und deren Muster auch noch zu erkennen waren, einen weiteren Platz betrat. Es mußte hier früher eine große Halle gewesen sein. Teilweise waren noch Reste der Mauern zu erkennen. Anstatt des früheren Daches wölbte sich nun der Nachthimmel über sie. Ruach ging weiter in den Raum hinein. Sie schaute hoch und entdeckte den ersten Stern, der zu ihr blinkte. Gleich darauf schob sich die Vollmondin hinter den Bergen hervor. Groß und orangeglänzend stieg sie langsam am Himmel auf. Ruach sah ihr dabei gebannt zu. Die Mondin ging nicht nur am Himmel, sondern auch in ihr auf: Orangefarbenes Licht breitete sich in ihr aus, und ein großer Friede stieg in ihr auf.

Je höher die Mondin kam, desto heller beschien sie alles um Ruach herum, und als sich Ruach umschaute, erkannte sie die Muster auf den übriggebliebenen Fliesen am Boden der Halle. Sie versuchte, den Linien nachzugehen, die nun gut zu erkennen waren, und wurde von ihnen in vielen Windungen bis zur Mitte geführt. Während sie den verschlungenen Linien nachlief, fühlte sie sich gezogen. Auch wenn der Weg verworren erschien, war die Bewegung ihr vertraut, so, als wäre sie diesen Weg in ihren Träumen schon oft gegangen. Und als sie in der Mitte des Musters angekommen war, hielt sie an. Nun wurde sie von einem Sog nach unten gezogen und ließ sich in die Dunkelheit fallen. Sie lag bewegungslos, hatte die Augen geschlossen und atmete in langen Zügen. Dieser Punkt in der Mitte öffnete sich zu einem dunklen, warmen Zuhause, das sie einließ und in dem die Zeit aufhörte zu sein.

Nun gab es keinen Sog mehr, kein Ziehen, nichts bewegte sich mehr, und in dieser Bewegungslosigkeit schöpfte Ruach Kraft. So tief war sie noch nie in ihrer Mitte gewesen, und so viel Kraft auf einmal war noch nie zu ihr geströmt. Erst nach langer Zeit kam aus ihr ein kleiner Impuls nach Bewegung. Als sie langsam wieder aufstieg, tauchte ein Strom von Bildern vor ihrem inneren Auge aus der Schwärze auf.

Es war die Fortsetzung ihres Traumes, den sie vor einigen Tagen erzählt hatte.

Die Frau, von der sie geträumt hatte, sang wieder,

doch die Stimme klang fester, klarer, zuerst von weit her, und dann kamen die Töne näher. Dann sah sie sie tanzen. Sie stand am Rande des Wassers, hatte ihren Kopf zur Mondin erhoben und bewegte sich zum Rhythmus ihres eigenen Gesanges.

Ruach sah, wie sie sich schüttelte, hörte ihr Singen in Schreien übergehen. Sie schrie mit aller Kraft, so daß Ruach innerlich zu beben begann, als die Schreie sie erreichten. Der ganze Körper der Frau schrie, schrie zur vollen Mondfrau, schrie zum Meer. Sie fing an, mit den Füßen zu stampfen, die Erde dröhnte, antwortete ihrem Stampfen. In Ruach entwickelte sich Hitze, die aus ihrem Bauch stieg und die sie hellrot zum Himmel sandte. Dann sprang die Frau, sprang hoch vom Boden, und Ruach hörte sie lachen, hörte sie singen und fühlte die Kraft der Frau in ihrem Inneren pochen.

„Ach, Ruach ist hier schon angekommen", hörte sie eine Stimme, die sie aus ihren Bildern riß. „Sie hat sich im Labyrinth schon bis in die Mitte gewagt", sagte die Großmutter neben ihr. Ruach öffnete die Augen und sah sich von allen ihren Freundinnen umringt. „Das wird unser Mondtanzplatz sein für diese Nacht", meinte Großmutter, und schon fing sie an, wirbelte um ihre eigene Achse und sprühte goldene Funken.

Bald wirbelten und drehten sich alle Drachinnen um Ruach herum, so daß diese auch nicht mehr länger liegen konnte und aufsprang. Doch bevor sie sich in den Reigen mischte, lief sie die Windungen der Linien entlang, die sie nun von der Mitte langsam nach außen leiteten. Sie folgte dem geheimnisvollen Muster, das sie nach außen trug, zwischendurch wieder näher zur

Kreismitte brachte, das sie umkehren und den gleichen Bogen in die andere Richtung gehen ließ. Sie überließ sich dieser Bewegung, die ihr so alt vorkam wie das Leben selbst – die sie vor und zurück, zu sich und über sich hinaus leitete und sicher zu den anderen trug, die sie zwischen sich aufnahmen. Ruach begann sich anstecken zu lassen, von den tanzenden Füßen der Freundinnen. Sie tanzte mit all der Kraft, die sie aus der dunklen Mitte mitbekommen hatte. Auch ihre Füße stampften auf der Erde, und aus ihren Nüstern stoben Feuerfunken.

Dann fanden sie sich alle zu einem Kreis zusammen. Der Rhythmus ihrer Schritte paßte sich aneinander an. Vor und zurück bewegten sie sich, hinein in den Kreis und wieder heraus. Und ihre Schritte hallten auf den steinernen Fliesen, die im Mondlicht schimmerten.

Myra fing an, nach dem Takt ihrer Bewegungen zu singen. Die ersten zarten Töne schwebten durch den Raum. Ihre Stimme hob und senkte sich, wie Wellen, von denen sich die anderen tragen ließen. Chanae fiel mit ihrer hohen, hellen Stimme ein, und dann kam Großmutters dunkle Stimme dazu.

Ruach versuchte es auch, und es war gar nicht so schwer. Zuerst sang sie Myra nach, doch bald suchte sie ihre eigenen Töne, indem sie aus ihrem Herzen und aus ihrem Bauch sang, und wie von selbst fügten sie sich in die Harmonie des Chores der Drachinnen. Ihre Stimmen wurden zurückgeworfen von den Wänden, die aus den Resten der Mauern wuchsen, und von dem Dach, dessen unsichtbare runde Kuppel die Töne zurückklingen ließ, und die den ganzen großen

Raum erfüllten, den es einst hier gegeben hatte. Soviel Töne und Klänge schwangen um Ruach, daß es ihr vorkam, als gäbe es neben den Stimmen ihrer Drachenschwestern auch noch andere Stimmen, die sangen. Und zwischendurch meinte sie sogar, das feine Zupfen eines Instrumentes zu hören, das den Gesang begleitete.

Sie schaute Myra an, die ganz versunken neben ihr im Kreis tanzte. Ihre Körper berührten sich und Myra flüsterte: „Da ist sie wieder, die Musik der roten Höhle, hier lebt sie auch." Und Ruach sah, daß ihr die Tränen über das Gesicht liefen und sie so glücklich lächelte, wie sie sie noch nie gesehen hatte. Ihr Herz weitete sich, als sie Myra so sah. Ihre Liebe zu ihr wurde groß und floß über zu ihr, und als sie in Myras Herzen ankam, öffnete diese die Augen und blies Liebesfarben aus ihren Nüstern. In Ruach bebte die Hitze und jede ihrer Schuppen glühte. Sie schaute sich um im Drachinnenkreis und schickte nun jeder Drachin einen leuchtenden Atemzug in einer kleinen roten Wolke.

Auch die anderen Drachinnen begannen, heiße, bunte Wölkchen zu schicken, sie versuchten, diese direkt über die Köpfe ihrer Freundinnen zu blasen. Es gab ein großes Wölkchendurcheinander, in welchem der Kreis sich auflöste, und ihre Tänze wilder wurden. Manche ließen es donnern, im Takt der Musik, und einige blitzten mit Leidenschaft.

Ruach schaute sich um, und der Raum schien ihr nicht nur von dem Singen und Tanzen der Drachinnen erfüllt. Inmitten der tanzenden, glühenden Drachinnen und aller Farben, die sie sprühten, meinte sie, andere tanzende Gestalten zu sehen.

Waren es die Frauen der roten Höhle mit ihren weichen, schwingenden Gewändern und den leuchtenden Farben, die um sie schimmerten?

Ruach sah sie zwischen und über den Drachinnen schweben, sie hörte sie singen, und – ihr Herz setzte einen Schlag aus – da drüben, am Rande des Kreises, nah der einen Mauer, die im Mondlicht hell aufragte und ihren Schatten auf die Fliesen warf, war eine Frau. Ruach kannte sie: rote, wehende Haare hatte sie. Ruach war sich sicher, daß da die Frau tanzte, die ihr damals im Kristall zugelacht hatte, diejenige, die den Ring an die Drachinnen gegeben hatte, den Ruach an ihrem Herzen trug.

Ruach flog auf, sie wollte zu ihr. Ihr Herz pochte laut vor Sehnsucht. Ganz nah wollte sie ihr sein. Fühlen wollte sie sie, sich vergewissern, daß sie da war, daß sie nicht nur ein Traum war, den ihre Sehnsucht malte. Sie versuchte, nach ihr zu greifen, als sie direkt vor ihr war. Ihre Haut, ihre Lebendigkeit wollte sie spüren. Doch sie griff ins Leere und dabei stürzte sie gegen die Mauer und fiel auf den harten Steinboden. Da lag sie nun, bewegungslos und maßlos enttäuscht.

Nach einer Weile spürte sie, wie eine sich über sie beugte und hörte Großmutter flüstern: „Ruach, du kannst sie nicht greifen. Sie kommen aus einer anderen Welt – Lichtwesen sind sie. Sie haben hier einst gelebt, gefeiert, geliebt und geträumt, haben hier getanzt, die Sterne befragt, die Erde liebkost. Sie haben hier für die Göttin gesungen, aus der sie kamen und zu der sie zurückkehren würden, haben hier geblutet, wenn die Mondin sie rief, und sie haben die Kräfte gesammelt, zum Wohle der Erde. Und nun hören sie uns und kommen noch einmal wieder. Sie singen und tanzen wie damals. Sie haben die Zeit überflogen und verweben heute und damals miteinander in dieser Nacht. Wir schaffen zusammen mit ihnen einen Lichtpunkt, der in die Vergangenheit und in die Zukunft strahlt. Komm, Ruach, tanze auch du wieder, denn sie erkennen in dir die alte Freundin, die du wieder wirst! Kein Grund zur Trauer, Ruach", sagte sie noch, als Ruach sich langsam aufrichtete, verwirrt ihre Flügel glattstrich und sich umschaute. „Du kommst deiner Sehnsucht näher, merkst du es nicht?" setzte Großmutter hinzu, schubste sie an, und tanzte mit ihr bis in die Mitte des Kreises.

Sie sprühte ihr dabei einen Feuerwirbel um die Nase. Ruach mußte niesen und fing danach an zu lachen. Lachend tanzte sie weiter, schloß dabei die Augen und spürte, wie es um sie schwirrte und klang. Sie fühlte eine Gestalt – einem Wirbel gleich – neben sich tanzen. Manchmal strich ein Windhauch um ihre Haut, und dies alles machte sie so froh, daß auch ihr Herz zu tanzen begann. Als sie die Augen öffnete, sah sie vor sich ihr erstes rosa Wölkchen schweben, das sie aus Freude geblasen hatte, ohne es zu merken. Sie schaute ihm nach, wie es langsam durch die Nacht hoch zur Mondin segelte, Sie hörte, wie die anderen Beifall riefen, und sah sich um.

Ihre Drachenfreundinnen hatten sich alle um das große Rund des Labyrinthes gesetzt und schauten ihr zu. Myra schrie: „Ein echtes rosa Wölkchen, Ruach, du hast es hingekriegt! Du mußt sehr glücklich gewesen sein." Und sie kam zu ihr und sagte ihr ins Ohr: „Sie hat mit dir getanzt, die Frau mit dem Ring. Ich habe es gesehen, du warst nicht alleine. Ach Ruach, ich glaube, du wirst finden, was du suchst. Deine Kraft, Verbindungen mit den Menschenfrauen zu schaffen, ist am Wirken."

Ruach ließ sich erschöpft da, wo sie getanzt hatte, auf den Boden fallen, legte ihre Flügel an und versuchte zu begreifen, was am heutigen Abend geschehen war. Sie hatte ihren Kopf unter einen ihrer Flügel gesteckt, und so hörte sie die Stimme Großmutters wie von weitem, als diese sagte. „So, ihr lieben Drachinnen, wenn ihr wollt, könnt ihr noch durch das Labyrinth gehen. Ruach ist ja als einzige schon den Mustern nachgegangen, die hier in den Steinfußboden gelegt sind."

Und so verfolgte eine nach der anderen die geheimnisvolle Spur der Zeichnung auf den alten, teilweise zerbröckelten Fliesen. Manche tanzten oder hüpften das Muster entlang, und jede legte sich in die Mitte des Labyrinthes und ließ sich da in ihre Tiefe ziehen, kam froh und lachend oder nachdenklich und ruhig wieder zurück zu den anderen. Jede um eine Weisheit, um einen Traum, um ein inneres Bild reicher.

„Dieser Platz ist schon sehr alt", meinte eine der Drachinnen zu Großmutter gewandt. Großmutter nickte zustimmend. „Ich spüre das daran, daß ich mich selbst alt fühle, so, als hätte meine Seele schon viele Zeiten erlebt. Ich nehme Verbindungen auf, die ganz weit reichen." „Ja", sagte Großmutter, „es gibt hier viele Spuren, die uns in der Zeit zurückführen. Die Frauen haben viel Kraft in den Platz gelegt, und er hat ihnen viel Kraft wiedergegeben. Und wenn die Frauen sehen, daß ihr Platz erkannt wird, kommen sie zurück."

„Ich habe viele Fäden gesehen, die mich mit der Erde und mit anderen Zeiten verbinden", meinte eine andere. „Sie sind zwar vorher da gewesen, doch erst beim Tanzen hier habe ich sie zum Schwingen gebracht und konnte sie selbst sehen. Die Fäden reichen nicht nur in die Vergangenheit, sondern auch in die Zukunft. Ich konnte nicht sehen, wohin sie fuhren, aber ich wußte, daß ich eingebettet war in ein tragendes Netz. Das war ein schönes Gefühl – als sei ich für immer aufgehoben."

Chanae hatte ein kleines Feuer entfacht und eine nach der anderen setzte sich dazu, und sie erzählten sich gegenseitig von ihren Empfindungen beim Tanzen. Manche fühlten noch ein Vibrieren in sich. Und ihre Erzählungen schufen die Gewißheit, daß sie Kraft aufgenommen und Kraft ausgesandt hatten und daß daraus ein Gewebe entstanden war, das Altes und Neues miteinander verwob und in das zukünftige Fäden mit eingesponnen waren.

Zwischendurch tranken sie heißes Schwefelwasser, und Großmutter erzählte ihnen von den alten Zeiten der Menschen.

Erst, als es wieder zu dämmern begann und die Mondfrau ihren großen Bogen beinahe vollendet hatte, legten sie sich um das Feuer zum Schlafen nieder und schliefen bis weit in den nächsten Tag hinein.

Sie wachten erst auf, als die Sonne ihnen heiß auf die Haut brannte. Einzeln oder zu zweit machten sie sich auf den Weg über die Insel, erkundeten die Gegend, flogen auf die Berge, um von da aus über die Landschaft schauen zu können, die um diese Jahreszeit grün und üppig war.

„Seid vorsichtig", hatte die alte Drachin gesagt, bevor sie losgingen, „dahinten sind die Dörfer und Städte der Menschen. Laßt sie lieber in Ruhe. Es ist noch nicht die Zeit, uns wieder zu zeigen. Auch für dich nicht, Ruach", hatte sie ihr hinterhergerufen, als diese mit Myra hügelaufwärts in Richtung der Olivenhaine losgezogen war. „Wenn die Sonne untergeht, fliegen wir zurück", hatte sie noch hinzugesetzt, sich dreimal um sich selbst gewälzt, um danach noch eine Weile in der Sonnenwärme weiter zu dösen und zu träumen.

Sie flogen beinahe die ganze Nacht, flogen über das Meer durch das Silberlicht der Mondin. Ruach schaute auf die schäumenden Wellen, hörte ihr Rauschen zusammen mit dem Rauschen ihrer Flügel, und sie war von einer so glücklichen Ruhe erfüllt, daß sie Ewigkeiten so hätte weiterfliegen können.

Als sie im Morgengrauen in ihrer Höhle angekommen waren und sich in deren Schutz zum Schlafen niedergelegt hatten, flog sie im Traum immer weiter über ein silberglänzendes, unendlich weites Meer, und sie wußte, sie wurde erwartet. Da sie dies wußte, flog sie im Vertrauen, und die Zeit spielte keine Rolle mehr. Es war gar nicht wichtig, wann sie an ihrem Ziel ankam, da war nur das gleichmäßige, kraftvolle Schlagen ihrer Flügel, das sanfte Gleiten auf den Armen des Windes und die Freude in ihrem Herzen auf das, was kommen würde.

Wie Ruach ihrer Mutter Farben schickte

Die nächsten Tage waren die Drachinnen erschöpft von der Reise und ruhten sich aus. Sie waren alle noch sehr beschäftigt mit ihren Erlebnissen auf der Insel.

Sie sprachen viel miteinander darüber, was in der Vollmondnacht geschehen war. Großmutter hatte sie für eine Weile allein gelassen: „Ich mach mal einen Spaziergang durch die Wüste, diesmal ohne euch. Wartet nicht auf mich, es kann dauern, bis ich wiederkomme", hatte sie gemeint und war losgeflogen.

Und so lagen die Drachinnen in der Höhle ums Feuer, ließen sich von Myra neue Lieder beibringen, erzählten sich Geschichten, spielten und träumten.

Ruach lag allein in der Schlafnische und dachte an ihre Mutter. Diesen Vollmond hatte sie keine Zeit gehabt, ihr ihre Liebe zu schicken. Aber in den anderen Vollmondnächten war sie immer bei Sonnenuntergang auf den Drachenhöhlenberg geflogen, hatte der Mondin zugesehen, wie sie langsam und orangerot hinter den Bergen hervorkam und hatte dann ihre Gedanken auf den Mondstrahlen zu ihrer Mutter, hin zur weit entfernten nördlichen Halbkugel geschickt. Sie wurde in ihren Gedanken durch Myra unterbrochen, die zu ihr gekommen war, um sie zum Feuer zu holen. Doch Ruach schüttelte nur den Kopf und Myra verstand, daß Ruach nicht in Spiellaune war, sondern für sich allein sein wollte, und ließ sie in Ruhe. – Ruach bekam plötzlich Sehnsucht, irgendwo ganz allein zu sein und nicht mehr die Stimmen und das Lachen der anderen, die um das Feuer saßen, zu hören. Sie wollte nur noch Stille um sich haben, und so stand sie von ihrem Schlafplatz auf, trottete langsam zum Höhleneingang und schaute hinaus.

Die Sonne stand hoch am Himmel und sie entschied sich, sich auf den Weg zu ihrem Lieblingsplatz zu machen. Obwohl das Land der Höhlen sehr karg war, gab es doch in einigen tiefen Tälern sprudelndes Wasser und grüne Wiesen. In eines dieser Täler flog Ruach heute. Sie hatte es vor einiger Zeit beim Flug mit den anderen von oben entdeckt. Ein kleiner, grüner Fleck inmitten der rötlichen Felsen hatte ihre Aufmerksamkeit auf sich gezogen. Am nächsten Tag hatte sie ihn dann alleine noch einmal gesucht und auch wiedergefunden. Sie hatte sich dort so wohl gefühlt, daß sie sich von nun an immer, wenn sie alleine sein wollte, dahin zurückzog .

Der Weg dorthin war nicht weit. Nachdem sie gelandet war, legte sie sich in die Sonne, in die Nähe des Baches, dort, wo sie noch das Plätschern des Wassers hören konnte. Unter ihrem Bauch fühlte sie die Frische des kurzen, grünen Grases und die Weichheit der Erde. Zuerst lag sie nur ganz still da, atmete tief und entspannte sich. Wie schön war es hier. Genüßlich rollte sie sich ein paarmal auf der Erde hin und her, schrubberte dabei ihren Rücken und ihre Flügel und legte sich dann auf die Seite. Sie ließ sich ganz schwer werden und hatte dabei das Gefühl, als würde sie ein kleines Stückchen tiefer in die Erde sinken. Sie legte ihr Ohr in das Gras und hörte es wispern und rascheln. Dabei beobachtete sie die Mücken und Käfer, die an den Grashalmen hoch und runter krabbelten oder durch die Luft schwirrten.

Sie sah den Bienen zu, wie sie die süßesten Blütenkelche suchten und daraus tranken. Sie hielt ihre Nase hoch und schnupperte alle die unterschiedlichen Düfte, mit denen die Luft erfüllt war. Die Blumendüfte, die Grasdüfte, die Erddüfte sog sie in sich hinein und freute sich, daß ihre Nüstern alle Gerüche so gut riechen konnten. Sie konnte sogar die verschiedenen Kräuter der Wiese auseinander halten. Sie roch auch das Wasser, dessen leises Plätschern die ganze Zeit mit ihr war. Irgendwann mußten andere größere Tiere hier gewesen sein, auch das roch sie mit ihrer feinen Drachennase.

Sie drehte sich langsam auf den Rücken und ließ sich die Sonne heiß auf den Bauch brennen. Das bereitete ihr ein wohliges Gefühl. In ihrem runden Bauch fing es an zu gluckern, bald würde ihr Drachenfraublut wieder fließen. Sie freute sich darauf. Der Kreislauf des Blutes gehörte jetzt schon zu ihrem Leben und verband sie mit ihren Drachenschwestern. Immer wieder, wenn ihr Mondblut zu fließen begann, dachte sie an das erste Mal, als sie mit allen Tieren des Waldes gefeiert hatte und Mutter ihr so viel erzählt hatte vom Drachenfrauenleben.

Sie war wirklich erwachsener geworden seit damals. Ihre Flügel waren jetzt um einiges größer und stärker und konnten sie lange Strecken tragen, ohne zu ermüden. Sie betrachtete sie und schlug ein paarmal damit mit aller Kraft auf die Erde, so daß die

Mücken und Bienen erschreckt aufflogen und die Käfer sich schnell ein Versteck suchten.

„Entschuldigt!" rief sie, „ich wollte euch keine Angst einjagen. Ich wollte nur mal sehen, wie stark meine Flügel geworden sind", und dann blieb sie ganz ruhig liegen, so daß die Käfer wieder aus ihren Löchern hervorkrochen und die Mücken wieder anfingen zu surren.

Je genauer Ruach ihre Flügel betrachtete, desto besser gefielen sie ihr. Die Farbe hatte sich auch verändert. Sie schillerten nun dunkelgrün, so, wie manche Stellen des Meeres, und zwar da, wo das Wasser am tiefsten ist. Sie bewegte sich ein wenig, um das Sonnenlicht auf ihnen spielen zu lassen und ihren Glanz zu bewundern. Danach blies sie ein kleines Wölkchen. Sie wollte ausprobieren, ob sie noch so eines in Rosa hinkriegen würde. Aber es ging nicht.

„Naja," dachte sie, „Rosa können eigentlich nur ältere Drachinnen oder Drachinnen mit höchsten Glücksgefühlen." Und sie stellte sich noch einmal vor ihrem geistigen Auge die rosa Wölkchen vor, die sie in jener Nacht auf dem Frauentanzplatz geblasen hatte, und sie wurde ganz stolz auf sich. „Ah, eines Tages werde ich wahrscheinlich ganz unerwartet welche pusten", tröstete sie sich, „dann, wenn das Glück wieder angeflogen kommt."

Sie vergnügte sich damit, Türkis und Lila auszuprobieren, und es gelang ihr – mit Ausnahme einiger roter und orangener Flecken darin – schon ganz gut. „Ja, das habe ich vor meiner Zeit im Land der Höhlen auch noch nicht gekonnt", stellte sie fest. Es hatte sich wirklich viel verändert seit damals. Bevor sie hierher

gekommen war, hatte sie einfach in jeden Tag hineingelebt: Sie hatte gesehen, gefühlt, Feuer gesprüht, gespielt und geträumt. Sie hatte sich gefreut, wenn es was zum Freuen gab, war traurig gewesen, wenn Trauriges geschehen war. Sie hatte nicht viel gefragt. Alles um sie herum war schon immer da gewesen und sie war ein Teil davon. Mutter umhüllte sie mit ihrer Liebe, die Bäume waren für sie da, die anderen Tiere kamen zu ihr, sie war das Drachenkind aller.

Jetzt war es anders. Sie sah nicht nur, sie wußte auch, was sie sah. Sie hatte Namen für die Sterne und ihre Bewegungen, und sie wußte um ihre Wirkungen. Sie hatte viel über die Erde und über die, die sie bewohnten erfahren. Sie wußte nun von vielem, wie es entstanden war und wozu es da war. Je mehr sie wußte, desto mehr Fragen hatte sie und desto mehr Gedanken kamen ihr. Sie wollte immer mehr verstehen, von den Zusammenhängen des Lebens.

Sie war nachdenklicher geworden. Auch wenn sie zwischendurch genauso ausgelassen sein konnte, wie früher. Es gab Zeiten, da fühlte sie sich ganz für sich. Obwohl sie früher viel alleine gewesen war, so war sie doch immer ihrer Mutter zugehörig gewesen. Und auch in deren Abwesenheit war immer ein inneres, silbernes Band zwischen ihnen geblieben. Sie wußte, wenn Mutter wiederkam, würde sie an ihrem großen, weichen Drachenbauch liegen und als ihr Drachenkind in ihrer Wärme aufgehoben sein.

Jetzt – so weit weg von ihr – lernte sie sich selbst Wärme zu geben. Sie war ganz alleine für sich und zu keiner gehörend, so, wie im Augenblick. Sie stand auf und ging auf der Wiese umher. Ganz langsam, Schritt für Schritt ging sie, und ihr langer Schwanz schlängelte sich durch das Gras. Bei jedem Schritt tasteten ihre Füße die Erde, die Erde gab etwas nach, ihre Füße sanken ein wenig ein und lösten sich dann wieder von ihr.

„Meine Füße streicheln die Erde", dachte sie, „und die Erde trägt mich, sie zieht mich zu sich, gibt mir Kraft und dann stoße ich mich ab mit meiner eigenen Kraft und sie läßt mich los." Sie lief schneller, begann zu springen, flog ein kleines Stück und lief wieder. „Oh, Erde", sagte sie, blieb stehen und drückte ihre Füße zärtlich und fest in den Boden. „Du bist da für mich, und du läßt mich gehen." Eine Welle von Glücklichsein rollte ihren Rücken entlang bis zu ihrer Schwanzspitze, die ein wenig zu zittern anfing. „Ja", antwortete die Erde ihren Füßen, „du bist meine freie Tochter!" Ruach kamen die Tränen, und sie mußte sich flach auf den Bauch legen und ihre Flügel weit auf der Erde ausbreiten. Ein kleiner, warmer Regen tropfte auf die Grashalme unter ihrem Kopf, die sich dankbar aufrichteten und ihr sanft um die Nase strichen.

Sie mußte an ihre eigene Mutter denken und wurde davon noch trauriger. Eine riesengroße Sehnsucht brach in ihrem Herzen auf. „Wie es ihr wohl geht?", dachte sie, während ein großer salziger Tropfen nach dem anderen aus ihren Augen zur Erde fiel. Warum wurde sie nur so traurig, wenn sie an sie dachte? War es, weil sie sie vermißte, oder ging es der Mutter etwa schlecht? Vielleicht war irgend etwas los mit ihr und sie war ganz alleine damit? Ob sie sich ohne Ruach überhaupt genug ausruhte und genug spielte und sang?

Da fiel ihr der Kristall ein. Sie war froh, daß sie ihn aus der kleinen Nische neben dem Schlafplatz mitgenommen hatte. Und so stellte sie ihn vor sich hin, legte sich davor, hauchte ihn sanft an und fragte ihn leise. „Stein, Stein, sage mir, was macht die Mutter, wie geht es ihr?“ Dann wartete sie, aufgeregt wie immer, wenn sie mit dem Kristall sprach. Tatsächlich zeigte sich zuerst der Nebel, dann klärte er sich, um ihr ein Bild ihrer Mutter zu zeigen. Im Kristall sah sie sie vor sich: Sie lag am Feuer in der Höhle. Das Feuer war beinahe heruntergebrannt, und die Mutter starrte in die Glut. Ihr Gesicht war sorgenvoll und ratlos.

„Was ist es nur, warum sie so betrübt ist?“ dachte Ruach. „Ist sie vielleicht traurig, weil ich nicht da bin?“ Und kaum hatte sie dies gedacht, beantwortete der Kristall ihre Frage schon. Er zeigte ihr die Mutter, wie sie auf dem Hügel der Höhle saß und der aufgehenden Vollmondin zusah. „Ach, natürlich“, ihr wurde nun schlagartig klar: Sie hatte ja am letzten Vollmond keine Zeit gehabt, an sie zu denken.

Die Mutter machte sich vielleicht Sorgen um sie, oder sie vermißte Ruachs Liebe.

Und so setzte sie sich auf, atmete tief und stellte sich dabei ihre Mutter vor. Sie malte sich alles an ihr genau aus: Die blaugrünen Farben ihrer Schuppen, die Größe und Breite ihrer Flügel mit dem feinen lila Glanz auf der Oberfläche, die Augen, die im Dunkeln der Höhle aussahen, wie runde Glutstückchen und die durch Mutters Lachen noch heller wurden, so, wie Glut auflodert, wenn ein Windstoß in sie fährt. Ja, die Wärme ihrer Augen, in der Ruach sich so aufgehoben fühlen konnte, die konnte sie sich ganz deutlich vorstellen. Auch ihr kraftvolles Lachen hörte sie, ihre tiefe, dröhnende Stimme, wenn sie „Ruach, Schätzchen" sagte, ihre unmöglich lauten Donnerschläge, ihre weichen Lieder. Sie ließ Wellen aus ihrem Herzen gleiten und schickte sie auf den Weg um die Erde bis zur nördlichen Halbkugel.

Sie erdachte Farben, Zeichen und Muster und gab sie den Wellen mit. Sie erinnerte sich dabei an das, was sie von Großmutter gelernt hatte. Manche Abende hatten sie damit zugebracht, das Farbenblasen zu üben. Großmutter liebte diese Drachenkunst. Sie konnte ihren Atem alle Farben und alle Formen annehmen lassen, und sie hatte schon die prächtigsten Vorstellungen gegeben, mit denen sie die jungen Drachinnen unterhalten hatte. Sie malte dabei mit ihren Farben Bilder und ließ die Drachinnen raten, und sie brachte sie oft zum Lachen damit.

Danach hatte sie sie gelehrt, mit den Gedanken innere Farben zu erschaffen. Sie entdeckten dabei, daß die verschiedenen Farben Unterschiedliches in ihnen bewirkten, daß Rot sie lebendig machte und Orange sie geborgen sein ließ, daß aus dem Grün Ruhe kam und Blau die Gedanken beflügeln konnte. Gelb machte Mut, das fanden sie heraus. Und sie spielten mit diesen inneren Zauberfarben, schickten sie auf die Reise, umhüllten sich gegenseitig damit, und jede tat sich selbst wohl.

Auch wenn Ruach es in ihrem Leben erst einmal fertig gebracht hatte, rosa Wölkchen zu blasen, so schaffte sie es doch, welche in Gedanken zu malen und ihnen zuzuflüstern, den Weg nach Norden zu nehmen. Sie ließ in sich Hitze beben und das Rot von schmelzender Lava zu ihrer Mutter fließen, zusammen mit dem Rot des Sonnenunterganges im Land der Höhlen. Das frische Grün der ersten Kräuter wuchs in ihr, und sie sandte es dem Rot hinterher. Das weichumhüllende Orange, mit dem die Mondfrau am Vollmondplatz aufgegangen war – sie trug es noch in ihrer Erinnerung – sollte auch ihrer Mutter wohltun. Danach schickte sie einen Funkenregen in allen Farben hinterher. Und ganz zum Schluß buk sie in Gedanken einen großen, runden, köstlichen Drachenkuchen, auf den sie ein Herz aus roten Eisenstückchen malte. Sie setzte ihn auf einen dunkelblauen Zauberteppich, der sofort hoch zu den Sternen segelte.

Als sie die Augen wieder öffnete, war ihr schwindelig. Sie mußte ein paarmal blinzeln, bis sie den klaren, durchscheinenden Kristall vor sich deutlich erkennen konnte. Ohne ihn gefragt zu haben, erschien in seinem Inneren ein weiteres Bild: Sie sah ihre Mutter in der Höhle sitzen, das Feuer brannte hell und Mutter lachte. Um sie und über ihr schimmerte und strahlte es, rote Flecken leuchteten zwischen hellem Grün, kleine orangefarbene Kugeln schwebten zusammen mit rosa Wölkchen durch den Raum. Überall sprühten bunte Funken, und inmitten dieser Farbenpracht segelte der leckere Drachenkuchen gerade vor Mutters Nase herum, und sie schüttelte sich vor Lachen.

Ruach mußte selbst lachen, als sie Mutter in allen den von ihr geschickten Farben sitzen sah, mit dem Kuchen vor der Nase, der leider nicht zum Essen war. Auf einen Schlag war auch sie wieder froh, stand auf, hüpfte und flog auf der Wiese im Kreis herum und erhob sich dann mit einigen kräftigen Flügelschlägen bis über die hohen zerfurchten Felsen. Sie ließ sich von dem Wind bis zum Höhlenberg tragen, wo sie die anderen Drachinnen beim Spielen antraf. Sie rannte auf Myra zu, rieb deren Nase an der ihren und wirbelte um sie herum. Ihre gute Laune war so ansteckend, daß Myra und die anderen, die eigentlich Versteck spielen wollten, auch anfingen, sich um ihre eigene Achse zu drehen, zu springen und zu toben. Sie fauchten sich gegenseitig an, pusteten sich Schwefel und Farben um die Nasen, so daß die Höhle bis in ihre hintersten Winkel mit Tönen und Farben, mit Schnauben und Lachen, mit Funken und Feuerregen erfüllt war. Die Drachinnen purzelten alle durcheinander, rollten sich über den Boden, flogen bis unter die gewölbte, von Ruß und Schwefel gefärbte Höhlendecke und bemerkten gar nicht, daß Großmutter von ihrer Wüstenwanderung zurück gekommen war. Erst als sie so laut donnerte, wie keine der jungen Drachinnen es konnte und dazu einen doppelten Salto schlug, erkannten sie sie und begrüßten sie mit Zischen, Donnern, Schreien und Blitzen.

„Es freut mich, daß ihr es euch so gut gehen laßt“, meinte sie, noch ganz außer Atem, und legte sich an das Feuer. „Wir wollten jetzt eigentlich noch Versteck spielen, hier und in den Nebenhöhlen“, meinte Chanae, „natürlich nicht in deiner allerheiligsten“, setzte sie hinzu, „machst du mit?“ „Wenn ihr so lange wartet, bis ich etwas Kräftiges gefuttert habe“, lachte Großmutter, warf ein paar Baumstämme aufs Feuer und hängte den großen Kessel darüber für ihre Suppe. Sie vergnügten sich noch den ganzen Abend mit Spielen und Erzählungen. Doch von dem, was sie in der Wüste erlebt hatte, verriet Großmutter nichts.

„Ich habe manchmal gern ein paar Geheimnisse“, meinte sie, als sie danach gefragt wurde. „Aber“, setzte sie hinzu, „ihr könntet ja heute Nacht mal versuchen, von der Wüste zu träumen. Vielleicht kommt ihr ihr ja dadurch näher.“

So versuchte Ruach vor dem Einschlafen, sich die Wüste vorzustellen. Sie rief sich noch einmal die Wanderung ins Gedächtnis, die Kargheit, die pulsierende Hitze, die Andersartigkeit der Pflanzen, die durchdringenden Farben des Sonnenunterganges. Und als sie dann in ihre Träume glitt, lief sie durch den fast weißen Sand, der so heiß war, daß er ihre Füße zum Prickeln brachte. Sie erklomm Berge aus Sand, hinauf und hinunter lief sie, und dabei rief sie nach Myra, rief nach ihrer Mutter, rief nach Großmutter, nach Chanae, nach Rumara, nach all den anderen, und dabei rannte sie weiter, bergauf und bergab. Endlos dehnte sich die Wüste um sie herum, verlassen war sie darin, es war keine da, außer ihr. Die Verzweiflung in ihr wurde so groß, daß sie sich in ihr verlor. So lief sie immer schneller, schrie immer lauter und hatte immer weniger Hoffnung. Auch Fliegen ging nicht mehr, da die Flügel voller brennendem, juckendem, schwerem Sand waren und sie sie nicht mehr heben konnte. Doch dann stand plötzlich die Blume vor ihr – eine rote Blüte die mitten im Sand wuchs und vor der sie sich flach auf den Boden legte, und die die ganze Verzweiflung von ihr nahm.

Die rotleuchtende Blume sprach zu ihr ohne Worte, es war leises Summen, das aus den Tiefen ihres durchscheinenden Blütenkelches lockte und das Ruach das Gefühl gab, am richtigen Ort angekommen zu sein. Vor ihren Augen wuchs die Blüte, bis sie größer war, als Ruach. Sie öffnete ihre Blütenblätter weit und rief damit Ruach. Diese kletterte hinein, rutschte die glatten Blätter hinunter und sank dabei in ein warmes lebendiges Rot, das durch sie flutete und wogte.

Vom Rot erfüllt, wachte sie auf, tastete nach Myra, die neben ihr lag, rollte neben sie und fühlte die schläfrige Wärme von deren Haut und das leichte Wiegen ihres Atems. Sie ließ Lebendigkeit durch ihre Schuppen in Myras Schlaf rieseln und eingehüllt in Myras Nähe und in ihre eigene geträumte Geborgenheit, war sie bald wieder eingeschlafen.

Wie Ruach ihre Lust entdeckt

Ruach flog in letzter Zeit immer öfter zu ihrem Platz inmitten der rötlichen Felsen. Sie genoß es, alleine zu sein, ohne die anderen Drachinnen. Sie fing an, wirklich diese Zeit für sich zu brauchen. Sie vermißte ihren Platz, wenn sie einige Tage keine Zeit gefunden hatte, dort zu sein bei all dem Reden und Zuhören, Stille-sein und Farbensprühen, Lernen und Erfahren, Ausflüge machen und Pflanzen kennenlernen, Singen und Feiern mit den anderen zusammen.

Wenn sie dann wieder auf ihrem kleinen Flecken grünen Grases lag, die Erde fest und warm unter sich, dabei den Insekten zusah und dem leisen Plätschern des Baches lauschte, dann gingen ihr die Eindrücke der letzten Tage noch einmal durch den Kopf.

Manches zog einfach nur durch ihre Gedanken, manches blieb hängen, kam immer wieder, beschäftigte sie lange.

Das ließ die Gefühle, die einzelne Situationen in ihr geweckt hatten, ein zweites Mal lebendig werden. Sie hörte ihnen nach, erkannte die lauten und erkannte die leisen Gefühle – die manchmal dahinter sprachen – versuchte zu verstehen.

Sie erfuhr viel über ihre Sehnsüchte, über das Brennen in ihr, das in manchen Augenblicken aufbrach, manchmal ganz unerwartet und heftig und dann wieder langsam ansteigend und lange wartend, ihr ein sanftes Lodern gebend, das sie durch den Tag trug. Es war Hitze, die über sie schwappte, von ihrem Bauch ausgehend, durch ihren ganzen Körper zündete. Wenn sie alleine war, überließ sie sich diesem Ansturm ihres eigenen Feuers.

Sie lag flach auf dem Boden im Gras und ließ es aufsteigen. Es fing an zu prickeln, bis Feueradern rot durch ihren Körper zogen. „Geschmolzene Lava in meinem Körper“, dachte sie. „So muß sie aussehen: heiß, unaufhaltsam fließend, dunkelglänzend rot.“ Sie sah einen speienden Vulkan vor sich, so, wie sie ihn sich jedenfalls vorstellte. Sie spürte das Rumoren seines Inneren in ihrem Bauch und fühlte, wie ihr Atem genau so brennend rote Luft spie wie der Berg sein Feuer. Sie liebte es, zum Vulkan zu werden, die Lava rinnen zu lassen. Ihr Körper fing dabei an, sich zu bewegen. Ruachs Leib schlängelte sich und gab an die Erde Hitze ab. Diese machte die Erde unter ihr lebendig, die ihr entgegenkam und sie liebkoste. Ihre Bewegungen wurden schneller, sie überließ sich dem Rhythmus ihres Körpers. Auch ihr Atem schwang mit, er nahm die Farbe des glühenden Feuers an, das sich in ihrem Bauch sammelte. Auch ihre Haut dünstete rote Schwaden aus, die sich wie Schwefelnebel über das Gras legten. Während sie sich auflöste in unzählige lodernde Flämmchen, die in alle Richtungen stoben, zum Himmel flogen und dort Glückseligkeit trafen, zur Erde fielen und sich mit deren Strömen verbanden, die das Leben um sie herum befruchteten.

Nach dieser Explosion, die tief in ihrem Bauch begonnen, die alles an ihr zum Beben gebracht hatte, lag sie wohlig-weich auf der Erde. Süße zog durch sie hindurch, und alles an ihr war von Leben durchpulst. Sie war eins mit der Welt um sich herum. Die Vögel sangen direkt in ihr Herz, der Wind spielte sanft mit ihrer Haut, die Erde pochte unter ihr im gleichen Takt wie ihr Blut. Sie erzählte Ruach von ihrem eigenen glühenden inneren Kern. Die Gräser flüsterten Zärtlichkeiten und der Himmel war so weit, wie Ruachs Liebe zum Da-Sein.

Manchmal lag sie dann im Gras mit einem Lächeln um die Lippen und im Herzen, und manchmal flossen Tränen, und sie wußte nicht, warum. Sie ließ die Tränen fließen, und sie schwemmten Trauer aus ihr heraus, um Platz für Glück zu schaffen.

Es gab auch Tage, da litt sie an ihrer Sehnsucht. Dann wünschte sie sich, zusammen mit einer anderen Drachin Feuer zu fangen und zu brennen. „Was für eine Hitze muß das sein", stellte sie sich dann vor und dachte an Myras Bauch, an den sie sich öfters drückte, wenn sie nachts nahe beieinander lagen. Sie dachte an Myras Augen, die manchmal von ganz innen strahlten – meistens, wenn sie sang und manchmal auch, wenn sie Ruach in ganz besonderen Augenblicken anschaute. Sie hörte dann Myras Stimme, und ihre Ohren wurden ganz heiß davon. Sie sah den silbernen Glanz auf Myras Flügeln. Ihr Herz hüpfte, und in ihren Bauch floß schlagartig Feuer, das loderte und drängte, und das sie befreite, indem sie dem Zucken und Bersten ihres Körpers nachgab und dabei „Myra" flüsterte, zwischen den Seufzern, die sie mit orangeroten Wölkchen aus den Nüstern hauchte. Danach war sie oft ein wenig verlegen, wenn sie Myra wiedersah, traute sich dann gar nicht, wie sonst, mit ihr Bauch an Bauch zu kuscheln. Denn aus Gründen, die sie nicht verstand, hatte sie, außer Sehnsucht, auch Angst vor dem Feuer, das Myra in ihr weckte.

So ließ sie einstweilen alleine die heißen Ströme fließen, lernte deren Stärke, deren Wildheit, deren An- und Abschwellen für sich kennen. Sie verstand so immer mehr die Feuersprache ihres Körpers.

Sie liebte ihre Drachenfraulust, wußte sie zu wecken, sie zum Tanzen zu bringen und fand heraus, sie der Erde zu geben, die sie aufnahm.

Sie sah dann den Körper der Erde vor sich, nicht nur den kleinen grünen Flecken – umringt von kantigen, scharfen Felsen – sondern deren ganzen runden Leib: die Wälder und Wüsten, die Ebenen und ihre Gebirgszüge, die großen Meere und unzählige Bäche und Flüsse, die ganz unermeßliche Vielfalt, der sie Leben bot.

Sie roch auch die Gifte, die an zu vielen Orten an ihr nagten und ihr das Atmen schwer machten. Und sie roch die frische Lebendigkeit, die trotz aller Lasten immer wieder aufbrach und in der das Leben der Erde sich Bahn brach.

Sie spürte die Erschütterung im Inneren der Erde, die diejenigen warnte, die deren Liebe und deren Schätze mißbrauchten. Sie hörte ihr Grollen und ihr Beben, das von ihrer unzerstörbaren Mitte ausging, in deren tiefstem Kern immer noch die gleiche Ruhe Platz hatte wie am Anfang.

Ruach erlebte dies alles in sich, wenn sie die Erde liebte, und sie sah, wie die Ströme, die von ihr selbst ausgingen, der Erde Kraft gaben. Sie wußte, daß die

Erde darum gebeten hatte, und es machte sie glücklich, ihr bei ihrer Heilung zu helfen, indem sie ihre ganz eigene tiefe Freude fand.

Dies alles war bis jetzt ihr Geheimnis, das sie gerne bei sich hütete. Sie wußte, daß auch ihre Freundinnen ähnliche Schätze hatten, jede für sich. Und eines Tages würden sie sich vielleicht diese Schätze gegenseitig zeigen.

Das Ende der Lehrzeit, und wie jede ihren ganz eigenen Schatz in der Wüste findet

Die Zeit bei Großmutter verging. Von Erlebnissen überfließende Tage reihten sich aneinander, wurden zu Wochen, zu Monaten. Sie bildeten eine lange bunte Kette aus allen Edelsteinen dieser Erde, jeder in einer anderen leuchtenden Farbe. Manchmal verstand Ruach überhaupt nicht, wie die Zeit sich bewegte. An manchen Tagen kam es ihr vor, als hätte sich die Zeit seit ihrer Ankunft ausgedehnt und als sei sie schon immer im Land der Höhlen gewesen. Das Leben zu Hause auf der nördlichen Halbkugel war weit weg gerückt in ihr, war nur noch in undeutlichen, verblaßten Farben am Rande ihrer Erinnerung vorhanden. Dann staunte sie aber auch wieder darüber, wie schnell die Zeit floß. Ein voller sprudelnder Fluß, in dem sie weiterwirbelte und der sie zum Ende der Zeit im Land der Höhlen trug, geschwinder, als sie es wollte. Und den anderen ging es ähnlich.

Jede der Drachinnen hatte während der gemeinsamen Zeit neue Neigungen entdeckt, hatte aus ihrer Fähigkeit geschöpft und verborgene Schätze in ihrer Tiefe entdeckt. Und dabei den anderen gegeben, was aus ihrem Inneren wuchs an Worten und Tönen, an Tanzen und an Lachen, an Farben und an Wissen, an Weisheit und an Mitgefühl, an Schönheit und an Vertrauen in sich selbst. Die Verbindungen zwischen ihnen waren tiefer geworden. Sie hatten sich in vielen verschiedenen Augenblicken gesehen und in ihren unterschiedlichen Seiten kennengelernt und waren froh aneinander. Die Liebe zwischen ihnen floß im Kreis.

Streit hatte es auch gegeben, und Großmutter hatte es meist ihnen überlassen, die Schwierigkeiten untereinander zu lösen.

Manchmal hatte es dafür Donner und Blitze gebraucht, auch Farben und Geschrei, manchmal halfen lange Gespräche, manchmal Tränen und Verstehen. Und dann waren die Drachinnen wieder Freundinnen miteinander.

Es gäbe noch viel zu berichten, und es würde noch einige Bände füllen, die Erlebnisse der Drachinnen zu beschreiben: Den Besuch der Kristallhöhle zum Beispiel, bei dem Ruach in ihrem Herzen so viel Licht sammelte, daß sie dachte, es sei genug, um das ganze Leben in ihr zu leuchten und auch noch, um es zu verschenken, an alle, die ihr begegnen würden und die es brauchten.

Oder vom Flug über das Meer, als sie zum ersten Mal die Gesänge der Wale hörten, die jedes Jahr in anderen Melodien sangen und von denen Myra neue Harmonien lernte.

Oder von dem, was in Ruach geschah: Der wachsenden Hoffnung in ihr, ihre Aufgabe eines Tages erfüllen zu können, dem zaghaften Spinnen von Traumfäden, die bis zur Menschenfrau reichen und ihre immerwiederkehrende Angst, es vielleicht doch nicht zu schaffen, sondern ihre inneren Töne zu verlieren, die sie für die Verwirklichung der Träume brauchen würde.

Doch, was auf jeden Fall erzählt werden soll, ist, wie die Lehrzeit bei der alten Drachin für Ruach und ihre Freundinnen zu Ende ging.

Eines Tages nämlich, im letzten Kreis der Mondin, den sie im Land der Höhlen verbrachten, kündigte die alte Drachin an: „Wenn die Mondin verschwindet und das Scheinen den Sternen überläßt, werden wir noch einmal in die Wüste gehen. Wir machen uns zusammen auf den Weg. Doch dort werden wir uns trennen. Ich bringe dann jede an eine andere Stelle, die sie noch nicht kennt. Ihr werdet da für drei Tage allein sein, und danach treffen wir uns alle wieder."

Am Tag vor Neumond flogen sie bis dahin, wo das Land der Höhlen endet und die Wüste beginnt. Von da aus wanderten sie zu dem Lagerplatz, den die Großmutter für sie ausgewählt hatte.

Der Wind hatte dort den Sand zu einem Wall geweht, der einen Halbkreis bildete und in dessen Mitte eine Kuhle entstanden war. Hier ließen sie sich nieder.

Inzwischen war es Abend geworden und es wurde schnell kalt. So machten sie ein kleines Feuer aus den wenigen dürren Zweigen und trockenen Gräsern, die sie gefunden hatten. Sie rückten nahe aneinander um die knisternden Flammen, aus denen immer wieder helle Funken in den dunklen Nachthimmel stoben.

„Warum sollen wir denn diesmal so lange alleine sein?" fragte Myra, die gerne die Tage mit Ruach verbracht hätte und die sowieso vielem erst zustimmte, wenn sie eine Erklärung dafür erhalten hatte.

Großmutter schaute nachdenklich ins Feuer, legte noch ein paar Zweige nach und meinte dann: „Ihr seid ja fast die ganze Zeit zusammen. Ihr steckt euch dabei mit euren Stimmungen an, beeinflußt euch gegenseitig mit euren Gedanken, verlaßt euch auf die anderen, wenn ihr nicht weiter wißt.

Es ist schön, die Kräfte auszutauschen, und ihr habt gelernt, euch zu verbinden und euch gegenseitig beim Wachsen zu helfen. Nun ist es an der Zeit, daß jede sich selbst ganz für sich spürt – und zwar für eine Weile, und nicht nur zwischendurch, wie wir das immer wieder gemacht haben.

So kann jede ihren eigenen Gedanken folgen, wird durch keine andere davon abgelenkt, den eigenen Tönen in ihrem Inneren zuhören, auch den ganz zarten, denen so oft wenig Beachtung geschenkt wird und die doch so viel zu sagen haben. Vielleicht können dann Bilder aus eurer Tiefe aufsteigen, die die Einsamkeit brauchen, um sich zu zeigen. Feine Gespinste, die nur in der Stille wachsen."

„Aber wir vertiefen uns doch oft jede in sich selbst, wie du es uns gezeigt hast. Es gab schon Tage, da haben wir jede für sich nur geträumt", meinte Ruach, der es auch, wenn sie an die bevorstehenden Tage in der Wüste dachte, etwas mulmig zumute war.

„Ja, das stimmt, aber diesmal sollt ihr euch mehr für euch selbst öffnen, dafür ist die Wüste der richtige Ort. Ihr werdet sehen, daß ihr in diesen drei Tagen an einem unbekannten Platz zu Einsichten kommt, die ihr sonst in dieser Klarheit nicht gefunden hättet. Es kann sein, daß ihr die Erfahrung macht, daß die Einsamkeit wie ein Tor ist, wenn ihr sie nicht fürchtet, sondern ihr folgt.

Und vielleicht entdeckt ihr dann, daß ihr gar nicht

so einsam seid. Oder ihr macht eine ganz andere Erfahrung", setzte sie hinzu, lachte und blies kräftig in das Feuer, das davon noch einmal hoch aufloderte.

„Also, ich bin oft sehr vergnügt, wenn ich alleine bin", sagte Chanae, die Kleinste. „Ich tanze dann, fauche, sprüh' Feuer, und meine Kraft wird frei. Ich brauche dann keine andere, um froh zu sein. Doch allzu lange halte ich das Alleinsein meistens nicht aus, warum, weiß ich eigentlich auch nicht!" meinte sie abschließend. Eine andere Drachin fuhr fort: „Wenn ich alleine bin, ohne andere Drachen, fühle ich mich oft sehr nahe dem anderen Leben um mich herum: den Bäumen, dem Wasser, den Winden, den Pflanzen und den anderen Tieren, eben allem, was außer uns noch lebt. In der Ruhe mit mir wird meine Haut dünner, aus der Weite des Himmels strömt feines Licht durch meine Poren und trifft meine innere Quelle. Und auch die Sterne leuchten dann heller für mich."

Auch Ruach dachte nach. „Ich war früher sehr oft alleine", erzählte sie den anderen. „Mutter war viel unterwegs. Ich kannte es gar nicht anders, und ich hatte auch immer etwas, womit ich mich beschäftigen konnte. Ich hatte das Feuer und die Spielsteine, ich hatte das Fliegen und das Feuerspucken. Manchmal habe ich Kuchen gebacken und dann wieder Feuerholz gesucht. Zwischendurch habe ich mit den Eichhörnchen, den Spinnen und den Mäusen, den Kröten und den Vögeln geredet, soweit ich eben ihre Sprache verstand. Alles dort war vertraut für mich und ich fühlte mich aufgehoben. Ich habe oft Angst alleine zu sein, an Orten, die ich nicht kenne!" gestand sie.

Großmutter meinte: „Dieses kommende Alleinsein

soll auch eine Vorbereitung für die Zeit sein, die nun nach dem Ende der Lehrzeit für euch beginnen wird. Bald ist ja eure Ausbildung abgeschlossen – jedenfalls die bei mir – und dann wird jede von euch wieder dahin zurückkehren, woher sie gekommen ist. Jede wird dann vor Aufgaben gestellt sein, die sie vielleicht ohne Unterstützung von anderen Drachinnen lösen muß. Und so ist es wichtig, daß jede von euch den Weg zu ihrer eigenen Stimme und in ihre Tiefe kennt."

Das spärliche Feuer war in der Zwischenzeit heruntergebrannt. Die Kälte der Wüstennacht legte sich über die Drachinnen, die sich dicht aneinander kuschelten und gemeinsam Hitze schufen, indem jede ihre Glut strahlen ließ. In diese vereinte Wärme gehüllt, schliefen sie, eine nach der anderen, ein.

Nur Großmutter war noch lange wach, betrachtete die schlummernden Drachinnen, deren grüne, blaue, türkise, rote und schwarze Haut im klaren Licht der Sterne schimmerte. Sie erinnerte sich an ihre erste Zeit allein in der Wüste, wieviel Angst auch sie damals gehabt hatte, vor dem, was ihr dort begegnen würde an Geheimnisvollem und Unfaßbarem, und wie sie danach immer wieder voller Begeisterung die Einsamkeit dort aufgesucht hatte, bis heute. Sie hoffte, auch die Drachinnen würden erkennen, daß die Wüste dabei hilft, eigene, bisher unbekannte Räume, die oft vor Kraft strahlen, zu entdecken.

Sie hoffte, daß die Drachinnen die gleiche Liebe zum Alleinsein finden würden, die in ihr im Laufe ihres Lebens gewachsen war. Sie ließ ihren Blick noch einmal von einer zur anderen gleiten, nahm sich dabei Zeit für jede. Zärtlichkeit weitete ihr Herz, das in kleinen rosa Wölkchen sprach, die sich an die Rücken der schlafenden Drachinnen schmiegten, ihnen zart um die Köpfe strichen und dann durch die eiskalte Wüstennacht zu fernen Sternen segelten, dorthin, wo die Liebe zu Hause ist.

Am nächsten Morgen, als die Drachinnen aufwachten und in die helle Sonne blinzelten, dampften ihre Schuppen schon von der wachsenden Hitze. Ruach war die erste, die sich durch den Sand rollte und ihn mit ihren Flügeln zum Fliegen brachte. Chanae mußte niesen, weil sie neben Ruach lag und eine Ladung Sand in ihre empfindlichen Nüstern bekommen hatte. Sofort hellwach, schaute sie sich um, erkannte Ruach und stürzte sich auf sie. Sie wirbelten bei ihrem Gerangel noch mehr heißen Sand auf, so daß alle anderen auch zu niesen und zu prusten anfingen. Nur Großmutter, die etwas abseits lag, ließ sich nicht stören und schlief weiter.

So amüsierten sich die jungen Drachinnen noch eine ganze Weile mit ihrem Lieblingsspiel in der Wüste: der heißen Sandschlacht. Als dann die alte Drachin doch aufgewacht war und sich dreimal um sich selbst gedreht hatte – vorher stand sie nie auf – rief sie die Drachinnen zu sich. Sie kamen alle sofort, und die Aufregung war ihnen anzusehen.

„So, welche von euch will denn als erste weggebracht werden von mir? Wir müssen los, damit ihr alle die Zeit habt, die ihr braucht, um eure Erfahrungen zu machen!" meinte Großmutter. Ruach meldete sich gleich. Sie war zu unruhig, um noch zu warten. Und bevor sie noch mehr Angst bekam, wollte sie sich lieber sofort in das bevorstehende Abenteuer stürzen.

So flog die Großmutter mit ihr los. So weit wie heute war sie noch nie in die Wüste gekommen. Ruach wurde es unheimlich, als sie die helle, weite, endlose Fläche unter sich ausgebreitet sah. Die Gegend begann felsiger zu werden, und als sie dann endlich landeten, leuchteten Ruach die roten Blüten von Kakteen entgegen, die verstreut zwischen den roten Steinen standen. Sie fühlte sich undeutlich an einen Traum erinnert. Doch sie hatte keine Zeit, ihn in ihrem Gedächtnis zu suchen, denn Großmutter zeigte dorthin, wo die Sonne abends immer untergeht und meinte: „Du gehst am besten in diese Richtung, und dann suchst du dir zuerst einen Lagerplatz, zu dem du immer wieder zurückkehren kannst. Am dritten Tag hole ich dich bei Sonnenuntergang hier wieder ab. Also, merke dir die Stelle gut!"

Sie blies Ruach ihren Atem sanft um die Nase, ließ ihr noch ein blaues Wölkchen zurück, und nachdem sie ihr „Alles Gute" gewünscht hatte, war sie schon wieder in den Lüften. Ruach sah ihr nach, wie sie noch einen kleinen Kreis über ihr flog und dann mit kräftigen Flügelschlägen dorthin zurückkehrte, wo die anderen Drachinnen warteten. Am Schluß konnte Ruach sie nur noch als kleines blau-grünes Pünktchen am Himmel erkennen, das zwischendurch golden in der Sonne aufblitzte. „Jetzt ist sie weg", dachte sie, und Angst kroch in ihr hoch.

Als sie sich dann in ihrer Umgebung umschaute, die aus Felsen, großen Steinen und trockenem Sand bestand, kam ihr alles sehr unfreundlich vor. Nur die vereinzelten Kakteen gaben ihr Mut. Zum Glück entdeckte sie einen schmalen Pfad. Sie schnupperte –

schon andere Tiere mußten ihm gefolgt sein. Und so nahm sie ihn, froh, eine Richtung gefunden zu haben. Ihr Herz klopfte so heftig, daß die Schuppen an ihrer Brust davon vibrierten, und sie ging ganz schnell, um ihrer Angst davonzulaufen. Alles um sie herum war so leblos, fand sie. Und sie war sehr erstaunt, als sie nach einiger Zeit in der Ferne eine Hochebene erkannte, auf der bunte Flecken ausgebreitet waren. Da zog es sie hin. Doch zuerst wollte sie sich einen Platz hier in der Nähe suchen, wie Großmutter es ihr geraten hatte. Sie verschob die größeren Ausflüge auf morgen. Zu ihrer Freude kam sie an einem Felsen vorbei, der überhing und unter sich eine Höhle formte, die Ruach zum Bleiben einlud. Da setzte sie sich hinein, schmiegte sich an den warmen Stein und fühlte sich zu Hause. Der Fels schützte sie vor der endlosen Weite um sie herum, die ihr heute viel unwirtlicher erschien als sonst bei den Ausflügen in die Wüste mit den anderen. Sie beschloß, heute einfach hier zu bleiben, und machte sich nur auf den Weg, um etwas Brennbares zu finden. Viel gab es nicht, nur dürres Gras und ein paar Zweige. Sie hob es auf, bis es Abend wurde. Kaum war die Sonne verschwunden, breitete sich eine Kälte aus, die sie frösteln ließ. Sie kauerte sich in ihre kleine Höhle und schaute in die spärlichen Flammen. Sie versuchte, gleichzeitig auch in ihrem Inneren ein Feuer zu entzünden, um Wärme sich ausbreiten zu lassen. Nun fühlte sie sich weniger verloren. Das Feuer vor ihr und das Feuer in ihr gaben ihr Trost.

Sie dachte an Myra, die jetzt wohl auch irgendwo allein an einem kleinen Feuer saß. Plötzlich erinnerte sie sich daran, wie sie Myra am ersten Tag, als sie bei

Großmutter angekommen war, zum ersten Mal gesehen und ihre funkelnden Augen sofort gemocht hatte. Wie vertraut sie sich inzwischen geworden waren! Als sie an die bevorstehende Trennung dachte, wurde ihr Herz dunkel vor Trauer. Sie konnte sich gar nicht vorstellen, ohne die anderen zu sein. Und doch würde es bald soweit sein, daß sie wieder zurückfliegen würde in das grüne Land ihrer Kindheit.

Als sie dann die weisen Augen von Großmutter Drachin vor sich sah, die sanft glühten, wenn sie ihre Geschichten erzählte, die sie nun auch bald nicht mehr liebevoll und aufmunternd anschauen sollten, stieg Trauer aus ihrem Herzen in ihre Kehle. Sie hörte sich in der Stille der weiten Wüste weinen, und sie war froh über den Felsen, der sie barg.

In dieser Nacht strich die ganze Lehrzeit noch einmal an ihr vorüber – alles, was sie erlebt und gelernt hatte, und kleine Flämmchen begannen nun in ihrem Herzen zu flackern. Dankbarkeit breitete sich in ihr aus und machte die Trauer weniger schwer. Sie war reich an Schätzen, die sie bekommen und die sie gefunden hatte, und die sie gut in sich hüten wollte.

Sie sah die Schätze vor sich und wußte plötzlich, daß sie sich in ihr vermehren würden, daß sie die Schätze nicht verschließen, sondern sie mit Liebe und Sorgfalt bewahren würde, bis es Zeit wäre, sie in vollem Glanz zu zeigen und zu verschenken.

Mit der Freude an diesem Glitzern und Leuchten in sich und müde von den vielen Gedanken und Erinnerungen, die die Stille der Wüstennacht in ihr geweckt hatte, drückte sie sich an den Felsen in ihrem Rücken, legte ihre Flügel ausgebreitet über sich, rollte ihren Schwanz zusammen und schnarchte bald leise vor sich hin.

Sie schlief die ganze Nacht einen tiefen festen Schlaf. Am nächsten Morgen konnte sie sich an keine klaren Träume erinnern, sie hatte nur noch Großmutters tiefe, warme Stimme im Ohr. Und ein Liedfetzen, von Myra gesungen, flatterte durch ihre Gedanken und sie summte vor sich hin, während sie im Lichte der aufsteigenden Sonne in die Richtung weiterging, die sie gestern schon gelockt hatte.

Es war eine lange Wanderung, doch sie hatte sich vorgenommen zu gehen, nicht zu fliegen, um möglichst viel zu sehen. Sie bestaunte alle bunten Blumen, die da wuchsen. Die weite Hochebene mit ihren Pflanzen lag vor ihr ausgebreitet und duftete nach wildem Leben.

Sie begann zu tanzen. Ein Wind kam auf und tanzte mit, und die Blüten lachten ihr zu, wenn sie an ihnen vorbeiwirbelte. Erschöpft ließ sie sich dann auf die Erde fallen, die Nase inmitten der Gräser und Pflanzen, vor ihr eine leuchtend rote Kaktusblüte. Wieder kam diese ihr irgendwie bekannt vor, doch sie konnte sich nicht erinnern woher. Sie sog alle starken, berückenden Gerüche in sich hinein und fiel dabei in eine Art Halbschlaf.

Dann hörte sie Töne. Sie kamen von weit her. Feine, schwebende Klänge waren es, ähnlich denen, die in Großmutters heiliger Höhle bewahrt waren.

Sie sprang auf und lief los. Sie sah die Frauen vor sich, die diese Musik gemacht hatten, damals in der Höhle, die bis zu ihrer Sehnsucht vorgedrungen war und sie zum Schwingen gebracht hatte. Sie wurde so aufgeregt, daß sie beim Laufen dauernd an Steine stieß, sich die Füße dabei weh tat und ein paarmal beinahe auf die Nase gefallen wäre. Sie überlegte, ob sie fliegen sollte, doch dann könnte sie womöglich diese zarten Töne nicht mehr hören, wenn sie mit den Flügeln schlug und der Wind an ihren Ohren vorbeirauschte. So rannte sie, so schnell sie konnte, in die Richtung, aus der die Töne kamen. Eine große Hoffnung, die eine Zeit in ihr verborgen gewesen war, wurde wieder in ihr wach und trieb sie den Klängen nach.

Auf einmal merkte sie, daß sie nicht mehr auf die Mittagssonne zulief, wie die ganze Zeit davor, sondern daß die Töne nun von woanders herkamen. Dann hörte sie gar nichts mehr, die Musik hatte aufgehört zu klingen. Sie ging weiter, lauschte in alle Himmelsrichtungen, meinte dann, wieder leise Klänge zu hören, und zwar von der Seite, auf der die Sonne unterging. Tatsächlich, sie wurden lauter. Sie war erleichtert, und sie versuchte, ihnen zu folgen.

Der heiße Wind hatte ihr schon die Nase und die Lunge ausgetrocknet, besonders, weil er ihr auch diesen feinen, scharfen Sand in die Nüstern wehte, und sie immer wieder husten mußte.

Sie war nun erschöpft und kraftlos, war schon einmal über einen Stein gestolpert und gefallen, doch sie nahm sich keine Zeit zum Ausruhen, aus Angst, die Töne wieder zu verlieren. So lief sie, stolpernd und hinkend, weiter, gebannt von den Klängen, die der Wind ihr zuzutragen schien. Waren da nicht auch Stimmen, die mitsangen und mit ihrer Süße an ihrem Herzen zogen?

Schon lange wußte sie nicht mehr, wo sie sich befand, in welcher Richtung der Platz lag, den sie heute früh verlassen hatte. Zwischendurch neckten die Töne sie, kamen einmal von der einen, dann wieder von der anderen Seite. Sie mußte sich entscheiden, welchen sie folgen wollte.

Inzwischen begann die Sonne allmählich unterzugehen, und die Felsen warfen ihr tiefrotes Licht zurück. Doch Ruach hatte heute keinen Blick für diese Farbenpracht. Sie war der Verzweiflung nahe. Die Musik tönte immer noch aus der gleichen Entfernung wie am Anfang ihrer Suche. Obwohl ihre Füße vom stundenlangen Laufen schmerzten und ihre Beine sie kaum noch trugen, war sie ihr doch nicht näher gekommen. Als sie schließlich merkte, daß sie ganz und gar die Orientierung verloren hatte und sie überhaupt nicht mehr wußte, wo der Treffpunkt mit Großmutter lag, fühlte sie sich verloren wie nie zuvor. Nun spürte sie auch ihren großen Durst. Der Wasservorrat, den sie von ihrem Platz mitgenommen hatte, war schon lange aufgebraucht.

Sie kam sich so entsetzlich allein vor, in dieser endlos großen Wüste. Panik ergriff sie. Wo war nur Myra, wo die anderen? Vor allem, wo war die Großmutter, die sich als einzige hier überall auskannte?

Sie begann zu rufen, doch es antwortete keine. Nicht einmal ein Vogel rief aus der Stille. Sie konnte die Lautlosigkeit, die sie umgab, kaum ertragen und lief einfach, ohne Ziel, weiter. Die Klänge hörte sie nicht mehr, es war, als hätte der Wind sie wieder mitgenommen und würde sie nun woanders tönen lassen.

Der Weg über die Steine und zwischen den Felsen hindurch wurde immer beschwerlicher. Inzwischen war es so dunkel geworden, daß sie sich nur noch vorwärts tasten konnte. Die Felsen wurden höher und schroffer und ließen nur einen schmalen Spalt frei. Da hindurch schob sie sich, bis sich schließlich auch vor ihr Felsen auftürmten und ihr den Weg ganz versperrten. Dann erst blieb sie stehen, fassungslos, und begann zu schluchzen. Sie weinte so laut, daß es von den Felsen widerhallte. Danach wurde sie wütend auf Großmutter, die sie an eine so verlassene Stelle der Wüste gebracht und dann hier alleine gelassen hatte, auf Myra, die ihre Hilferufe nicht hörte, auf die Musik, die nicht mehr klang und die sie genarrt hatte. Sie schnaubte und schrie laute Drachenschreie gegen die Felswände, die sie einschlossen. Sie stampfte mit den Beinen und schlug mit den Flügeln um sich.

Irgendwann wurde sie ruhiger. Zitterig und schwach lehnte sie sich mit dem Rücken an den glatten, warmen Felsen und begann, die Stille um sich herum zu hören. Auf einmal bedrohte diese sie nicht mehr, sondern sie tat ihr wohl. Noch nie zuvor hatte sie eine solche sanfte Stille gefühlt. Sie war in ihr, genauso wie sie um sie herum war. Sie breitete sich in ihr aus, in ihren Zellen und über die ganze große Wüste. Es war, als könne sie mit dieser Stille in sich um die ganze Erde reichen.

Sie saß auf der runden, sich drehenden Erdkugel und drehte sich mit ihr durch das All, langsam, ruhig und ewig.

Nach langem Sein, inmitten ihrer eigenen Stille und der der Welt, hörte sie einen Ton, einen tiefen, dunklen, warmen Ton. Der kam von der Erde, das wußte sie.

Dann gesellte sich ein anderer dazu, ein heller weicher Ton. Der kam aus der Mitte ihres Herzens, auch das fühlte sie mit Gewißheit.

Und dann kam ganz leise und vorsichtig die Musik – die Musik, der sie durch die ganze Wüste nachgelaufen war. Sie kam aus ihr, aus ihrer eigenen Tiefe, aus ihrer Erinnerung. Sie spürte dem Ursprung der Töne nach und erkannte, daß sie aus einem Raum in ihr kamen, in dem keine Zeit war.

Dann hörte sie eine Frauenstimme singen, und sie erkannte sie als ihre Sehnsucht. Danach kamen die Stimmen des Chores, ganz fein und ganz voll. Es klang in ihr, und es kam von weit her. Es drängte sie nicht mehr, den Klängen nachzulaufen. Sie hörte die Verbindung in ihrem Inneren. Jetzt wußte sie plötzlich mit großer Klarheit, daß es die Verbindung gab, immer schon gegeben hatte und immer geben würde. Diese Gewißheit erfüllte sie mit Vertrauen und einer alles um sie herum erhellenden Freude. Lange lag sie da, an den Stein gelehnt. Die Sterne blitzten auf sie herab, die neue, feine Mondin ging gerade unter und schimmerte noch zwischen den Felswänden, Begleitung versprechend .

Als Ruach einmal kurz auf die Erde blickte, sah sie etwas Glänzendes zwischen den Steinen hervorhuschen. Vor ihr ringelte sich die Wüstenschlange. „Sei gegrüßt, Schwester Schlange“, flüsterte sie. „Grüß dich, Drachenschwester“, antwortete diese und reckte ihren Hals zu Ruach hin. „Ich dachte, ich sei alleine hier“, meinte Ruach, „ohne eine andere Tierseele weit und breit!“

„Da hast du dich getäuscht", sagte die Schlange lächelnd. „Ich habe gesehen, wie du deiner Sehnsucht, deiner Erinnerung und den Verbindungen nachgelaufen bist. Und jetzt sehe ich, daß du sie in dir gefunden hast. Ich höre, wie die Musik aus deinem Inneren kommt, und jetzt, da du weißt wo die Töne ihren Ursprung haben, können sie dich auch leiten."

„Warum hast du mich denn nicht angehalten und mir gesagt, daß ich sie nicht dahinten am Horizont finde?" fragte Ruach entgeistert.

„Ich nehme an, du hättest mir nicht geglaubt, außerdem hast du mich ja nicht einmal gesehen, als du an mir vorbeigerannt bist!" antwortete die Schlange.

„Ich glaube, du hast recht", meinte Ruach. „Das mußte ich wohl alleine herausfinden. Ich mache immer die gleichen Fehler", sagte sie nachdenklich. „Auch beim Vollmondfest auf der Insel wollte ich etwas greifen, was nicht zu greifen war. Die Verbindung war auch erst dann da, als ich sie in meinem Inneren fühlte. Ich hoffe, ich habe jetzt daraus gelernt. Eigentlich weiß ich inzwischen ja, daß ich das Ziel meiner Sehnsucht nicht erreiche, wenn ich ihr verzweifelt hinterher jage. Doch, daß all diese schönen Klänge in mir sein könnten, das hätte ich keiner geglaubt."

„Sie sind in dir und kommen zu dir", fügte die Wüstenschlange hinzu. „Beides ist richtig. Doch du kannst keine Töne empfangen, die nicht auch in deinem Inneren schwingen können. Verbindungen entstehen dadurch, daß wir in gleichen Tönen schwingen, von der gleichen Erinnerung getragen, die gleiche Sehnsucht spüren. Und du weißt ja, daß die innere Nähe keine Zeit kennt und keine Entfernung. Aber was erzähle ich dir, du bist jetzt ja selbst eine weise, erfahrene Drachenfrau, die vieles gelernt hat von der alten Drachin im Lande der Höhlen.

Sie besucht mich übrigens manchmal hier. Eure Großmutter und ich, wir erzählen uns dann Geschichten um die Wette. Sie schafft es immer wieder, mich so zum Lachen zu bringen, daß ich nicht mehr damit aufhören kann, bis sie etwas Trauriges erzählt. Grüße sie von mir. Und ein schönes, erfülltes Drachenleben wünsch' ich dir!" sagte sie und verschwand hinter einem Felsen.

Doch, obwohl sie fort war, sah Ruach immer noch etwas vor ihren Füßen glitzern. Sie wunderte sich darüber und beugte ihren Kopf zum Boden, um zu sehen was es war. Sie erkannte eine feine, glänzende Schlangenhaut, die Schwester Schlange zurückgelassen hatte.

„Ein Geschenk für dich, Ruach, als Zeichen für unsere Verbindung", sagte die Schlange, doch diesmal sprach sie aus Ruachs Innerem, denn tatsächlich glitt sie schon weiter durch die Wüste in die Richtung ihres Zuhauses.

„Und um mich daran zu erinnern, daß Veränderung ein Teil des Lebens ist, daß der Tod zum Leben gehört", antwortete Ruach der Wüstenschlange in Gedanken, und sie wußte, auch diese hörte sie sprechen.

Sehr bald danach war Ruach eingeschlafen und in ihrem Traum unterhielt sie sich weiter mit Schwester Schlange und lernte von ihrer alten Weisheit.

Als sie dann, etwas verwirrt, am nächsten Morgen aufwachte, brannte zwar der Durst in ihr, doch, abgesehen davon, war sie erfüllt von Frieden, Frieden mit sich und der Landschaft um sich herum. Sie beschloß, zu fliegen, um die Orientierung wiederzufinden. Sie versuchte, sich an den Weg von gestern zu erinnern, aber sie war so gebannt den Tönen gefolgt, daß sie kein Auge für die Gegend gehabt hatte, durch die sie gerannt war.

So flog sie einfach los, stellte sich dabei den Platz, den sie finden wollte, ganz deutlich vor und überließ es ihren Flügeln, die Richtung zu suchen. Die aufgehende Sonne wärmte sie und brachte das Grün auf ihren Flügeln zum Scheinen. Ihr Herz weitete sich, als sie von oben über die sonnige Wellenlandschaft der Wüste blickte, und heute war sie ihr ein großes Zuhause. Sie flog lange Zeit, ohne daß ihr die Landschaft bekannt vorkam, und beinahe hätte sich die Verzweiflung wieder eingeschlichen, wenn sie nicht, ganz unerwartet, in der Ferne rechts am Horizont einen bunten Fleck entdeckt hätte. „Das müssen die bunten Blumen sein“, dachte sie erleichtert und steuerte darauf zu. Tatsächlich landete sie bald darauf inmitten der bunten Wildnis, legte sich da auf den Bauch und steckte ihre Nase noch einmal in die berauschenden Düfte. Doch diesmal fing sie nicht an zu dösen und hörte auch keine Töne. Ihr Durst war so groß, daß sie nach kurzer Zeit aufstand und zu ihrem Platz flog, den sie von hier aus ganz einfach fand. Dort labte sie sich am Wasser, legte sich dann vor die Höhle und dachte über das nach, was sie gestern erlebt hatte.

Sie ließ alles, was geschehen war, noch einmal an

sich vorüberziehen und träumte dann vor sich hin. Auf einmal hörte sie einen Ton und mußte dabei an Myra denken. Der Ton klang in ihr und kam doch von weit her. Es war Myras Ton, sie wußte es. Der Ton wurde lauter, kam auf sie zu, wollte sie erreichen und wurde dann wieder leiser. „Myra denkt auch an mich", dachte Ruach froh. „Auch sie fühlt die Verbindung."

Danach richtete sie in ihren Gedanken ihre Aufmerksamkeit auf Myra, dann auf die anderen Drachinnen, und sie sah eine nach der anderen vor sich. Sie wußte, daß ihr Ton zu ihnen sang und jedesmal hörte sie, nach einiger Zeit, einen Ton antworten. Jede sprach mit einem anderen Klang zu ihr, und alle Töne zusammen ergaben eine schöne, vielstimmige Melodie. Die Töne verschmolzen miteinander, bildeten Wellen und Strudel, flossen um- und ineinander, fügten sich zu immer wieder neuen Variationen zusammen.

Die Klänge webten ein Band zwischen ihnen, ein Band, das immer da sein würde. Seit dieser Nacht würde sie die Töne immer hören können, wenn sie es wollte und brauchte. Dieses Wissen erfüllte sie mit Vertrauen. Auch wenn sie jetzt bald auseinandergehen und an verschiedenen Orten der Erde leben und wirken würden, das Band ihrer Töne würde bleiben. Dies machte sie so froh, daß sie große Freudentränen weinte, und dabei fielen schwere Lasten der Angst von ihr ab.

Obwohl keine ihrer Drachenschwestern in der Nähe war, sondern alle verstreut in der Wüste die Einsamkeit kennenlernten, fühlte sie sich doch aufgehoben und geborgen im Kreis der Drachinnen. Sie freute sich auf die Zeit, die kommen würde.

Kurz vor dem Einschlafen, als sie in ihre innere Welt tauchte und ihr Geist schon anfing loszufliegen, sah sie alle tanzen. Sie bewegten sich in einem großen Kreis ums Feuer. Großmutter war dabei und auch ihre eigene Mutter, sie erkannte Skylla und Charybdis und andere ein-, zwei- und dreiköpfige Meeresdrachinnen. Der Kreis wuchs. Immer mehr reihten sich ein, und alle bewegten sich im gleichen Rhythmus. Sie flog hoch, um alles zu überblicken und gewahrte einen weiteren Kreis. Frauen tanzten um den Drachinnenkreis, und die rothaarige, große Frau und die dunkle, kleine Frau tanzten nebeneinander. Es waren Frauen aller Farben, die sie sah.

Um die Frauen bewegten sich viele Tiere, tanzten Feen und Nixen, die Geistinnen der Bäume und Pflanzen tanzten mit, und es war ein Takt, in dem alle schwangen.

Ruach reihte sich ein, wirbelte von einem Kreis zum nächsten, bis sie Myra gegenüberstand, deren Lachen ihr bis in ihr Herz leuchtete. „Der Tanz der Verbindungen, die keine Zeit kennen“, hörte sie sich selbst sagen, und „der ewige Tanz, den jede finden kann, die ihn sucht.“ Es war, als spräche sie zu einer, die sie nicht sah. Sie spürte, daß sie ihre Weisheit weitergab, ihre Bilder aussandte und ihre Töne weit klingen ließ. Und sie wurde gehört und verstanden. Das Gefühl ihrer selbst wurde so stark, daß es weit über sie hinausreichte und von weit her zurückschwang.

Die Träume in dieser Nacht waren durchzogen vom Rhythmus des Tanzes. Alles was sie sah, bewegte sich darin. Sie flog über die Erde, deren Oberfläche sich sanft hob und senkte, die Vögel, denen sie begegnete, schwangen im gleichen Takt, und ihr Herz schlug in diesem Rhythmus. Am Ende der Träume floß alles Leben zusammen, und sie sah die Regenbogenschlange sich am weiten Himmel winden, die den Tanz des Lebens tanzte.

Sie wachte auf, mit dem Klang der Welt im Ohr und glücklich, wie schon lange nicht mehr.

Sie entschied sich, noch eine Weile durch die Wüste zu gehen, um dann abends an der Stelle zu sein, wo Großmutter sie abholen wollte. Dabei traf sie viele Tiere: die Wüstenkatze sprach mit ihr, Hasen begegneten ihr und mehrere Schlangen, doch die alte Wüstenschlange war nicht dabei. Heute war die Wüste voller Leben, und sie nahm alles, was sie sah, in sich auf. Und als sie abends von der alten Drachin abgeholt wurde, strahlten ihr Herz und ihr Gesicht.

„Du hattest eine schöne Zeit?“ fragte die Großmutter bei der Begrüßung. „Nicht nur,“ antwortete Ruach und lachte „aber ich habe sehr viel gelernt, und ich bin froh geworden dabei.“

Sie kamen bei Einbruch der Dunkelheit bei den anderen an, und es brauchte die halbe Nacht und viele weitere Tage und Abende, bis sie sich alles erzählt und gezeigt hatten, was sie erlebt und gefunden hatten.

Jede von ihnen hatte irgendwann im Alleinsein die Verbindung mit den anderen gefühlt, gehört oder gesehen. Danach war ihr Kreis gestärkt und doch offen, war die Zusammengehörigkeit gewachsen, und jede war doch freier geworden. Und so waren sie vorbereitet, auf den Abschied, der bald kommen sollte.

Die Zeit zusammen währte nur noch kurz. Sie feierten ein großes tage- und nächtelanges Abschiedsfest, bei dem sie zusammen in den wunderschönsten Farben sprühten. Diejenigen, die sich besonders nah gewesen waren, zogen sich in eines der Täler oder an die Seen in den blauen Bergen zurück, ließen ihre Trauer fließen und gaben sich Geschenke aus ihren Schätzen mit auf den Weg, die ihre Kraft gegenseitig stärkten. So feierten sie ihre kleinen Abschiedsfeste miteinander.

Der Abschied von Myra war schwer für Ruach. Ihrer beider Trost war, daß Myra am nördlichen Rand der südlichen Halbkugel lebte. Dies bedeutete, daß der Flugweg zwischen ihnen nicht allzu lang sein würde und sie sich in Zukunft öfters würden treffen und auch gemeinsam Reisen unternehmen können.

Abends, am Feuer, erzählten sich alle gegenseitig von ihren Heimatländern, machten so die Erinnerung wieder lebendig und gaben ihr die kräftigen Farben der nahen Zukunft.

Sie sprachen über die Aufgaben, die sie für sich sahen oder ahnten, über ihre Sehnsüchte nach Wirken und nach Lebenslust.

Und sie freuten sich jetzt schon gemeinsam darauf, sich wiederzutreffen. Auf jeden Fall würden sie sich von nun an bei den jährlichen Drachenversammlungen wiedersehen, denn nun gehörten sie zum Bund der Drachenfrauen, der so alt war, daß sich keine mehr an seinen Anfang erinnern konnte.

Und dann war die Lehrzeit bei Großmutter im Land der Höhlen zu Ende.

Mutter war froh, als Ruach wiederkam, und Ruach jubelte, als sie nach einer langen Reise den vertrauten

Wald, die weichen Hügel und die runden, schimmernden Seen inmitten des grünen Landes wiedersah. Natürlich weinten sie dicke, große, heiße Drachentränen vor Freude, als sie sich die Nasen aneinanderrieben. Mutter bewunderte Ruachs Flügel, die so groß und kräftig geworden waren, wie sie es kaum für möglich gehalten hätte und freute sich, über die Klarheit in Ruachs Augen. Sie besah und beschnupperte sie von oben bis unten und von vorne bis hinten, und zusammen bliesen sie ein buntes, aufgeregtes Farbenkonzert zur Begrüßung.

Danach hatten sie sich so viel zu erzählen, daß sie Tage am Ufer des großen Flusses liegend verbrachten. Sie redeten, schauten in die Strömung, träumten und schliefen.

Es dauerte eine ganze Weile, bis Ruachs Geist zur Ruhe gekommen war, bis sie aufhörte, vom Reisen zu träumen und die Erde wieder unter sich fühlte. Und bis sie nicht mehr erstaunt war, wenn sie die Höhle betrat und es nicht mehr die geräumige Halle bei Großmutter war, sondern der kleine, runde Raum, aus dessen feuchten Erdwänden die Wurzeln staken, und durch die nachts die Maus mit ihren Kleinen trappelte, um nach Kuchenresten Ausschau zu halten.

Zum Willkommensfest trafen sich wieder viele Tiere des Waldes. Es wurde getanzt und gesungen, und die Freude darüber, daß Ruach nun wieder mit ihnen lebte, war groß. Nun würden sie sie wieder über die Baumwipfel oder sogar noch höher fliegen sehen, und sie würde sie mit ihren Saltos und Spiralen und mit ihren Farben unterhalten.

Neue Lieder hatte Ruach auch mitgebracht, von

denen sie ihnen gleich einige beibrachte. Und natürlich lauschten alle gespannt ihren Erzählungen vom Land der Höhlen, das keines von ihnen je gesehen hatte.

Immer, wenn Ruach sang, mußte sie an Myra denken, und so war sie während des Festes, das ihr zu Ehren stattfand, manchmal traurig und voller Sehnsucht nach ihrer Drachenfreundin, und sie erzählte allen von ihr.

Ruachs Reise zu Skylla und Charybdis

Doch lange wollte Ruach nicht zu Hause sitzen, es juckte sie unter den Flügeln. Sie wollte nun endlich auf Reisen gehen, zusammen mit ihrer Mutter, und sie wollte ihre Kraft als Drachenfrau erproben.

Schon nach zwei Wochen begann sie zu drängen: „Drachenmutter, laß uns losfliegen! So oft wollte ich schon mit dir auf Reisen gehen, und da waren meine Flügel immer zu klein. Jetzt sind sie stark genug. Außerdem will ich wissen, was ich mit dem, was ich bei der Großmutter gelernt habe, draußen in der Welt anfangen kann. Komm, wir machen eine Reise."

Doch Mutter war der Meinung, daß Ruach noch mehr Zeit brauchte, um sich auszuruhen. Erst als die Mondin beinahe voll über den Himmel wanderte, flogen sie los.

Sie schlugen die Richtung ein, die sie zum Mittelmeer und damit zu Skylla und Charybdis führte. Ruach liebte das Meer. Wie immer, wenn Ruach über Wasser flog, vergaß sie die Zeit und kam ins Träumen. Oft genoß sie einfach nur den Wind, der an ihrem Körper entlang um ihre Flügel rauschte, die warme Sonne auf ihren Schuppen und manchmal das sanfte, manchmal das wilde Rauschen der Wellen unter sich.

Heute fiel ihr der Traum, den sie von der Menschenfrau geträumt hatte, wieder ein, und jedesmal, wenn sie sich der Küste näherten, beobachtete sie genau, was sich da unten bewegte. Obwohl die Mutter bei ihren Flügen Menschen mied, sahen sie einige von ihnen von weitem. Doch Ruach bekam nie dieses Ziehen im Herzen, das sie an die Frau erinnerte.

Nach dreitägigem Flug kamen sie bei Skylla und Charybdis an. Die beiden spieen riesige Wasserfontänen vor Freude, denn sie bekamen immer gern Besuch.

„Du hast sicher viel zu erzählen", meinte Skylla zu Ruach. Ruach nickte zustimmend – und auch etwas unsicher. Sie mußte sich nämlich erst daran gewöhnen, daß jede der beiden Meeresdrachen nicht nur einen Kopf, sondern zwei Köpfe hatte.

Sie hatte vorher noch keine zweiköpfigen Wasserdrachen getroffen, und so war deren Anblick für Ruach zuerst wirklich etwas befremdend. Sie mußte sie die ganze Zeit anstarren, so ungewohnt war ihr Anblick. Was sie besonders faszinierte, war, daß beide Gesichter verschiedene Ausdrücke haben konnten. So redete Skylla mit dem einen Gesicht mit ihr, aber gleichzeitig lächelte sie mit dem anderen Gesicht Ruachs Mutter an. Ruach versuchte, allen Gesichtern zu folgen, und das war so verwirrend, daß sie zuerst gar nichts mehr sagen konnte. Dafür redete die Mutter um so mehr. Sie berichtete Skylla und Charybdis von der Reise, fragte, wie es ihnen in der Zwischenzeit ergangen sei und welche Abenteuer sie erlebt hatten. Dabei paddelten sie alle vier im Wasser auf dem Rücken liegend in der Sonne. „Oh, schön, wenn mir die Sonne so wohlig auf den Bauch scheint", meinte Charybdis. Sie spie eine kleine Wasserfontäne, die zum Himmel stob und dann wieder auf ihren Bauch nieder rieselte, der groß, rund und hellblau glänzte. Auch Skyllas Bauch hob und senkte sich vor Vergnügen. Er hatte einen leichten lila Schimmer, den Ruach sehr bewunderte.

„Heute laden wir euch nicht auf den Meeresgrund ein", meinte sie, „obgleich es dort unten wirklich sehr gemütlich ist. So schöne Pflanzen, die sich die ganze Zeit sanft im Wasser bewegen, dazwischen bunte, glitzernde Fische. Wir liegen da oft stundenlang und schauen ihnen zu. Aber nachdem du das letzte Mal kaum mehr hochgekommen bist, bleiben wir lieber an der Wasseroberfläche", meinte sie lachend mit einem Gesicht zu Ruachs Mutter gewandt – mit dem anderen Gesicht lächelte sie Ruach zu.

„Solange das Wasser warm ist und eure feuerspeienden Köpfe noch daraus hervorschauen, mögt ihr unser Element ganz gern. Stimmts?" fragte sie nun mit dem Mund, der zu Ruach sprach. „Oh, ja", antwortete Ruach, noch immer etwas schüchtern. „Ich liebe das Wasser, und am liebsten fliege ich über das Meer", und sie paddelte dabei mit ihren Flügeln, so daß das Wasser um sie herum hoch aufspritzte. Sie versuchte, sich immer so zu drehen, daß sie genau in die Wellen schwamm, um von ihnen jedesmal ein Stück weiter getragen zu werden. Immer, wenn eine Welle sie hoch warf und dann ein Stück zum Ufer mitnahm, kitzelte es in ihrem Bauch. So hatte sie sich bald von den anderen entfernt und hing ihren Gedanken nach. „Ob jede der beiden wohl zweistimmig singen kann?" überlegte sie. „Und wie mag das wohl klingen?" Sie versuchte es sich vorzustellen. Schon bald sollte sie Skyllas' und Charybdis' Gesang zu hören bekommen. Denn als sie alle am Ufer angekommen waren und sich in den heißen Sand eingewühlt hatten, stimmten die zwei ein Lied an. „Wir haben gerade ein neues Lied eingeübt, ein vierstimmiges, für das nächste Drachensingtreffen", hatten sie angekündigt. Jede von ihnen sang tatsächlich in zwei verschiedenen Stimmen, alle getragen und tief, ganz anders als die Feuerdrachenlieder, die Ruach kannte. Es klang, als kämen die Töne aus den Tiefen des Meeres; sie erzählten von heftigen Stürmen, die übers Meer bliesen, dann wieder von leichten Brisen, die die Meeresoberfläche kräuselten.

Ruach dachte an Myra. Diese wäre sicher hellauf begeistert, solche neuen, andersartigen Lieder zu hören.

Myra war nämlich zur Liedersammlerin geworden in ihrer Lehrzeit bei Großmutter. Sie hatte sich von allen Drachinnen die Lieder aus deren jeweiliger Heimat vorsingen lassen, sie alle nachgesungen und auswendig gelernt. Dann hatte sie die Großmutter nach alten Drachengesängen ausgefragt, die dann alle möglichen Lieder aus ihrem Gedächtnis ausgrub, die sie hier und da in ihrem langen Leben gehört hatte. Auch die Drachenkinderlieder, mit denen ihre eigene Großmutter sie, als sie klein war, in den Schlaf gesungen hatte. Manchmal waren es nur Liedfetzen, nur Bruchstücke von Liedern, die Myra aufnahm. Daraus schuf sie dann neue Lieder, oder sie dichtete weitere Verse hinzu. Dazu kamen noch die Lieder, die Myra während der Lehrzeit aus sich selbst heraus geschöpft hatte und in denen sie von dem sang, was sie erlebt und erfahren hatte. Alle anderen Drachinnen hatten immer mit Spannung auf Myras nächstes Werk gewartet, in dem sie dann oft die Empfindungen und Gedanken von ihnen allen mit in Töne und Worte gefaßt hatte. Myra würde diese beiden zweiköpfigen Drachinnen sicher auch gerne kennenlernen, musikbegeistert wie sie anscheinend waren. Sie erzählte den Meeresdrachinnen von ihrer Freundin und sang abschließend Myras Mondlied vor. Sie versuchte, so schön wie Myra zu singen, und schon wieder stiegen ihr die Tränen in die Augen, weil sie dabei Myras Stimme in ihrem Herzen hörte.

Skylla und Charybdis waren ganz berührt von den zarten, hellen Tönen und der weichen Melodie des Liedes. Zu gerne würden sie jene feuerspeiende Glücksdrachin kennenlernen, die solche Lieder erfinden und singen kann. „Am besten, ihr ladet sie zum nächsten Drachenliederfest ein“, meinte Ruach und wurde ganz aufgeregt. „Sie wohnt nicht so weit weg, dort unten am Rande der südlichen Halbkugel. Sie kommt bestimmt!“ „Ja, das machen wir, du kannst ihr ja die Einladung überbringen“, meinte Skylla begeistert, während sie mit dem anderen Kopf das Lied sang, was ihr nicht so recht gelang. „Es ist nicht so einfach für uns, eure Lieder zu singen“, sagte sie, „aber wenn wir zusammen singen, ergänzen sich eure hohen und unsere tiefen Töne ganz bestimmt sehr schön.“ Und Charybdis ergänzte: „Und unsere gemeinsamen Chöre haben dann einen so vollen Klang, daß wir damit Felsen ins Meer stürzen, Inseln zum Schwimmen bringen und vielleicht sogar ein neues Land aus dem Meer locken können!“ „Ich dachte, ihr singt auf eurem Treffen nur zu eurem Vergnügen?" Ruach war ganz erstaunt. „Nein", antwortete Skylla, „wir erproben auch die Kraft der Töne. Was sie in den Herzen bewegen und auch, was sie auf der Erde bewirken können. Wir erforschen, wie Klänge vielleicht helfen können, einen Teil von dem Unheil, das der Erde zugefügt wurde, wieder gut zu machen. Wie Töne sie heilen und Gleichgewicht schaffen können." Ruach hörte interessiert zu. „Skylla und ich arbeiten und wirken dafür schon lange zusammen", sagte Charybdis und schaute dabei mit dem einen Gesicht Skylla voller Liebe an, das andere sprach weiter zu Ruach und ihrer Mutter: „Wir leben ja nun schon viele hunderte von Jahren zusammen. Unsere Liebe zueinander gibt uns die Kraft, den Widrigkeiten, denen wir Drachen von Seiten der Menschen ausgesetzt sind, zu trotzen!" sagte sie und seufzte dabei. „Aber wir haben wieder Hoffnung. Gerade in letzter Zeit ist viel geschehen. Zu den regelmäßigen Singtreffen kommen immer mehr Drachen aus aller Welt und dazu die Vögel, die Wale natürlich auch und andere an Musik interessierte Tiere. Auch die Baum-, Blumen- und Kräuterfeen, obwohl sie es auch zur Zeit auf der Erde bestimmt nicht leicht haben, bringen immer wieder wundervolle Töne mit. Aber es regt sich doch bei vielen der Wunsch, mehr zusammenzukommen, abgesehen vom Spaß, den das Singen macht, auch was Neues auszuprobieren." Ruach war begeistert von allem, was sie von Skylla und Charybdis erfuhr. Sie fand die Zwei um so netter, je länger sie bei ihnen war. Auch die vielen Köpfe verwirrten sie inzwischen nicht mehr. Sie redete und lachte mit allen vieren und es war ihr in der kurzen

Zeit ganz vertraut geworden, in alle ihre Gesichter zu sehen.

Ihr fiel ein, was sie selbst schon mit den Tönen erlebt hatte. Sie erzählte Skylla und Charybdis von den Tönen der Verbindungen, die sie in der Wüste gehört hatte, von den Tönen der alten Zeit, die in Großmutters roter, runder Höhle bewahrt waren, und von den Klängen, die am Tempelplatz auf der Insel zu hören gewesen waren, und sie erzählte von den Frauen aus früherer Zeit, die dabei gewesen waren.

Die Drachinnen hatten ihr alle vier Köpfe zugewandt und lächelten immer wieder, während sie Ruach zuhörten. „Du hast ja schon viel erlebt und kennengelernt in deinem jungen Drachenleben, Ruach, und die Musik spricht ja wohl auch zu dir." „Ja", sagte Ruach, „ich liebe Töne. Aber es ist nicht so wie bei Myra, der das Singen, das Klänge- und Liederfinden das Wichtigste in ihrem Leben ist. Ich glaube, was mir am meisten am Herzen liegt, sind die Verbindungen: die zu Drachenschwestern und Schlangenfreundinnen, wahrscheinlich besonders auch die zu den Menschenfrauen, die bis jetzt fast nur in meinen Träumen, in Bildern und eben in Tönen Ausdruck gefunden haben. Ich habe immer noch den Ring, den ich einer Menschenfrau zurückgeben will. Ich trage ihn immer bei mir, doch bis jetzt habe ich sie noch nicht getroffen."

„Kennst du sie denn?" fragte Charybdis. „Ich habe sie und die andere Frau schon in meinem Kristall und beim zeitlosen Tanz der Verbindungen gesehen. Die andere Frau war diejenige, die damals den Ring den Drachinnen gegeben hat. Sie war dabei, als wir durch unseren Tanz beim alten Tempel die Menschenahninnen gerufen hatten. Und ihr Geist ist auch in der Musik der roten Höhle bewahrt. Die junge Frau, durch die der Ring wieder zu den heutigen Menschenfrauen zurückkehren soll, hört schon meine Töne. Sie kommt in meine Träume, und ich glaube, sie sieht mich auch in ihren. Aber ich weiß nicht, ob sie tatsächlich schon an unsere Verbindung glaubt.

Sie ist sehr mit sich beschäftigt – soweit ich es durch meine Träume verstanden habe. Sie kann keine von uns Drachinnen treffen, bevor sie nicht die Sehnsucht, die in ihr wartet, gefunden hat." „Aber dabei könntest du ihr doch helfen!" schlug Charybdis vor, und es war ihr anzumerken, wie sehr sie durch Ruachs Versuch, mit einer Menschenfrau Verbindung aufzunehmen, berührt war. Ruach antwortete ihr: „Ja, ich glaube, ich werde ihr auch helfen können. Aber die erste Tür muß sie selbst öffnen." „Ach ja, die Menschenfrauen haben es auch nicht leicht", meinte Skylla, „schon länger nicht. Ich erinnere mich noch an Zeiten – damals waren Charybdis und ich noch jung – da war alles ganz anders als heute. Du hättest die Frauen sehen sollen, wie stolz und aufrecht sie damals waren, wie frei! Sie konnten alle mit uns reden, ohne vor Angst umzukippen, wie es jetzt eigentlich alle Menschen, die uns überhaupt noch sehen können, tun. Nicht nur mit uns konnten sie reden, auch mit allen anderen Lebewesen waren sie in Verbindung und konnten sich verständigen. Oft sind sie hier mit ihren Schiffen vorbeigekommen. Viele haben auch angehalten und von der Reise erzählt. Manchen gaben wir auch Rat; denen, die darum baten. Sie haben uns dann oft sehr reich beschenkt." Sie zog ein glitzerndes Band hinter ihren Schuppen hervor und hielt es Ruach hin. Diese schaute es sich genau an. Es war aus Silber, in das viele kleine, blaugrüne Steine hineingearbeitet waren. „Ich hatte zwei davon und habe sie als Halsketten getragen!" meinte Skylla. „Leider verlor ich vor einiger Zeit eine davon. Sie muß irgendwo da unten auf dem Meeresgrund liegen. Wir haben lange danach gesucht, die ganzen Algen da unten durchfischt, aber sie war nicht mehr aufzufinden. So trage ich die übriggebliebene hier hinter meinen Schuppen. An einem Hals sieht es so einseitig aus", erklärte sie und reckte dabei ihre zwei langen Hälse. „Aber ich kann immer noch die besondere Kraft der Frau, die sie für mich gemacht hat, darin fühlen. Deshalb trage ich diese Kette bei mir." Ruach berührte die Halskette vorsichtig mit den Flügeln, es zuckte und prickelte darin, und das Ziehen in ihrem Herzen, das sie lange Zeit nicht mehr gehabt hatte, kam wieder.

Als Skylla ihre Aufregung bemerkte, überlegte sie einen Augenblick und meinte dann kurz entschlossen: „Ruach, ich schenke sie dir. Sie kann dir vielleicht bei der Aufgabe, die du für dich gefunden hast, helfen. Außerdem habt ihr feuerspeienden Glücksdrachen ja nur einen Hals, so wird die Halskette auch wieder als solche getragen." Ruach war ganz verlegen. Sie freute sich so über das Geschenk, daß sie zuerst gar nichts sagen konnte, außer einem Drachendankeschön, bei dem gelbe Schwefelwölkchen geblasen werden.

Skylla legte ihr das Band um den Hals und alle riefen, wie wunderbar es aussähe, daß es genau zu ihr passe, und wie die Steine doch mit ihren Augenfarben übereinstimmten. Ruach drehte sich stolz vor den bewundernden Augen der Mutter und denen der zwei alten Meeresdrachinnen um ihre eigene Achse. Sie fühlte dabei, wie die Kette das Ziehen in ihrem Herzen zu einem stillen beständigen Leuchten machte.

Danach suchten sie nach etwas Eßbarem, wobei Skylla und Charybdis einen anderen Geschmack hatten als Ruach und ihre Mutter. Abends machte Ruach am Strand ein Feuer, an dem die beiden Meeresdrachinnen in einigem Abstand Platz nahmen.

„Ihr habt vorhin über die Menschenfrauen geredet. Wißt ihr eigentlich, warum es so weit gekommen ist, daß die Menschenfrauen und wir uns nicht mehr treffen? Warum sind sie denn so anders geworden seit jener Zeit?" fragte Ruach, zu Skylla und Charybdis gewandt.

„Es ist für uns Drachinnen ein großes Rätsel", antwortete Charybdis und schaute nachdenklich in die Flammen. „Weißt du, damals, als die Frauen noch alle an ihre Kräfte und ihre Ganzheit glaubten, da sang die Erde immer, wenn sie mit den Füßen berührt wurde. Sie tanzte und drehte sich voller Lust durch den Himmel. Da war kein Stöhnen und Aufbäumen, das du jetzt manchmal von ihr hörst. Sie trug nicht diese Lasten. Und die Hülle, die sie schützte, war heil. Du kennst doch ihren Ton, Ruach. Er ist immer noch tief und voller Kraft. Doch da sind auch diese Töne des Aufbegehrens, Klänge der Umwälzung, da sind Rufe nach Heilung ihrer Wunden und nach einer neuen Freude."

Ruach nickte. „Oft liege ich auf der Erde und suche ihre Töne. Wenn sie anfangen, in mir zu summen,

weiß ich, daß sie mich ruft. Eines Nachts hat sie meine Hilfe erbeten!“ setzte sie leise hinzu.

„Ja, sie ruft viele“, meinte Skylla „auch immer mehr Menschenfrauen hören ihre Stimme.“

„Aber wie konnte es überhaupt so weit kommen?“ fragte Ruach empört. „Warum haben die Frauen die Erde nicht geschützt, warum haben sie sich von ihrer eigenen Kraft entfernt? “

„Wir wissen es nicht“, sagte Charybdis noch einmal. „Wir konnten auch nicht mehr mit den Frauen reden, denn es kamen keine mehr zu den Treffen des Bundes.“

„Es war jedenfalls furchtbar, die Veränderungen mit ansehen zu müssen. Das Ganze hat sich über lange Zeit hingezogen“, erzählte Skylla. „Es gab soviel Gewalt!“ sagte sie, und Ruach sah die Tränen in ihren Augen. Sie konnte plötzlich die Verzweiflung und den Schmerz der alten Meeresdrachinnen nachempfinden, so, als wäre sie selbst dabei gewesen.

„Das Schlimmste war, daß die Frauen im Laufe der Geschichte einfach vergessen haben, wer sie sind!“ fügte Charybdis hinzu.

„Und damit haben sie uns auch vergessen.“

„Aber, ihr hättet euch doch weiterhin zeigen können!“ rief Ruach und schnaubte vor Erregung rote Wölkchen. „Dann hätten sie euch doch gar nicht vergessen können!“ Ihre Augen funkelten im Dunkeln, und es war ihr anzumerken, daß sie am liebsten losgestürmt wäre, um sich allen Frauen der Vergangenheit und der Gegenwart feuerspeiend und schwefelschnaubend in Erinnerung zu bringen.

Ruachs Mutter, die die ganze Zeit nur zugehört hatte, mischte sich in das Gespräch: „Ruach, ich glaube, die Drachinnen damals mußten einfach die Schicksalswege der Menschen annehmen. Wir Drachen konnten ja nichts daran ändern. Die Aufgabe, die uns blieb, war, die Erinnerung zu hüten, im Geheimen, in unserem Drachenschutz. Es gab ja damals Frauen, die sahen, was geschehen würde. Diese wenigen kamen noch einmal zu den alten Drachinnen damals und baten sie, die Schätze ihrer alten Kraft zu bewahren, bis die Zeiten sich ändern würden." Als sie das sagte, schaute sie Ruach ganz eindringlich an. Ruach wurde ganz ruhig. Sie spürte die Halskette auf ihren Schuppen und den Ring an ihrem Herzen. Und sie wußte, was zu tun war.

Skylla, die mit dem einen Kopf zugehört und mit dem anderen über Ruachs Frage nachgedacht hatte, wandte sich nun mit beiden Köpfen zu ihr: „Es war schon ein seltsames Gefühl, Ruach, als sie uns plötzlich nicht mehr sahen. Zuerst fingen sie an umzukippen, und einige Zeit später sahen sie uns gar nicht mehr, weil sie nicht mehr an uns glaubten. Es ist wirklich eigenartig mit den Menschen: Sie sehen nur das, an das sie glauben. Sie müssen ganz besondere Augen haben, daß sie für manche Dinge blind werden, und zwar, wenn sie denken, daß es sie nicht gibt. Und ich glaube, ihre Augen sind noch viel schlechter geworden, seit damals!"

„Auch ihre Ohren hören nicht mehr, was wir Drachinnen hören. Früher konnten sie unsere Töne noch überall hören, wenn sie es wollten!" fügte Ruachs Mutter hinzu. „Im Traum sehen und hören sie noch viel, aber sie haben zwischen sich und ihre Träume eine Wand geschoben. So leben sie zwei verschiedene Leben, von denen eines nichts vom anderen weiß."

„Da hast du recht", bestätigte Skylla und rückte vorsichtig ein bißchen näher an das Feuer. „Das ist, als würde mein einer Kopf etwas sagen, was der andere nicht versteht. Ich wage es kaum, mir vorzustellen. Das würde einen Spalt in meine Seele reißen." Sie sah sehr entsetzt aus, als sie dieses sagte, und sie redete dabei betont mit beiden Mündern das gleiche.

Ruach hatte beobachtet, daß, wenn Skylla und Charybdis sprachen, oft der eine Kopf etwas sagte, während der andere einen nach innen gekehrten Ausdruck hatte. So, als würden sie mit dem anderen Gesicht in sich hinein hören. Manchmal sprachen die Köpfe immer abwechselnd, manchmal aber, und das fand Ruach besonders lustig, wenn sie sehr aufgeregt waren – was bei Skylla häufiger vorkam als bei Charybdis – konnten sie mit beiden Köpfen gleichzeitig verschiedene Dinge sagen, und dann konnten nur noch sie selbst sich verstehen.

Ruach legte ein paar Zweige auf die Glut und pustete ganz leicht. Sie wollte nicht, daß das Feuer ausginge, aber gleichzeitig wollte sie die beiden Meeresdrachinnen nicht vom Feuer verscheuchen. Es tat gerade gut, nah beieinander zu sitzen.

Charybdis sah immer noch sehr nachdenklich aus. Sie hatte begonnen, mit einem Kopf leise vor sich hin zu summen, wehmütig klang es. Mit dem anderen Kopf wandte sie sich an Ruach, und ihre Augen glühten mild: „Vielleicht wirst du ja eine der Drachinnen sein, die von den Menschenfrauen erfahren wird, warum sich alles so ereignet hat. Ich glaube, nur die Menschenfrauen selbst werden ihre eigene Geschichte begreifen können. Es liegt ja alles in ihrer Erinnerung bewahrt. Wenn sie diese in sich entdecken, werden sie auch ihre vergessenen Kräfte wiederfinden und noch neue dazu. Dann werden sie auch die Augen für uns öffnen!"

„Vielleicht ist ja wirklich nichts verloren", sagte Ruach, und sie war selbst erstaunt, wie froh sie klang. Zu Charybdis' warmer Melodie sprach sie weiter: „Vielleicht waren die Kräfte der Frauen ja die ganze Zeit da, vielleicht spinnen sie ihr Gewebe um die Erde Jahrhunderte hindurch. Vielleicht liegen die Erinnerungen ja nicht nur in unseren Höhlen, sondern auch in ihren Zellen bewahrt, und es ist gar nicht so schwierig für sie, sie zu erreichen!"

Auch Skylla hatte angefangen, mit dem einen Mund zu summen. „Du hast recht, Ruach", sagte ihr anderer Mund, „es gab immer wieder Zeiten, in denen Frauen von ihrer Kraft wußten, nach der Erinnerung gesucht haben und ihrer Sehnsucht nachgegangen sind, die immer wieder aufgeflammt ist, wie ein unlöschbares Feuer. Besonders in der letzten Zeit spüre ich etwas in der Luft!", und sie hob dabei ihre Köpfe in die Höhe und sog die salzige Meeresluft lautstark in ihre Nüstern. „Das riecht nach Sturm! Nein, nicht ein hübscher, heftiger Meeresgewitter-Sturm, sondern einen Sturm in den Frauen rieche ich. Es riecht nach Freiheit und Wildheit, wie schon einige Jahrhunderte nicht mehr. Es riecht nach der Lust, die die Frauen wieder für sich suchen. Es riecht nach Freude am Leben! Manchmal prickelt das richtig in meinen Nasen, so, daß ich davon niesen muß." Und schon ertönte ein gewaltiges „Hatschi“ aus vier Nüstern, und die anderen Drachinnen gingen in Deckung vor den mächtigen Fontänen, die dabei gesprüht wurden. Trotzdem bekamen doch alle einen kurzen kräftigen Guß auf ihre Schuppen.

Ganz beeindruckt von der Wirkung dessen, was alles in der Luft lag und das Skylla gerochen hatte, hoben auch Ruach und ihre Mutter die Nasen und schnupperten in die meeresfeuchte Luft dieser sternenklaren Nacht.

Ruachs Mutter meinte etwas enttäuscht: „Also, ich rieche hauptsächlich salzige, klamme Luft, die mir die Nüstern zuklebt und die wir feuerspuckenden Glücksdrachen nicht so gut vertragen. Aber ihr habt, unter diesen Umständen jedenfalls, feinere Nasen als wir. Trotzdem glaube ich, daß du recht hast, Skylla. Ich sehe auf meinen Reisen immer wieder Feuer, die von Frauen angefacht und geschürt werden. Die sind oft ganz beachtlich, muß ich als Feuerdrachin sagen, wirklich, ganz beachtlich!“ sagte sie nachdrücklich und nickte anerkennend mit dem Kopf. Und Ruach ergänzte: „Riechen tu' ich auch nicht viel. Aber ich höre manchmal Töne, die kommen von weit her und haben so viel Kraft, daß sie um die ganze Erde reichen. Zuerst war es ein Summen, noch leise, aber voller Suchen. Und jetzt wird es lauter, tönt mit Entschlossenheit! Diese Töne weben ein Netzwerk um die Erde und hüllen sie ein in ihren Schutz. Ich glaube, viele hören diese Klänge in ihren Träumen, ohne es am Tag noch zu wissen. Immer neue Stimmen kommen dazu, die von Sehnsucht singen und die Erinnerungen zum Schwingen bringen.“

„Ich glaube, du hörst dies, weil du den Ring hast, Ruach“, überlegte Skylla, „das bedeutet, du trägst die Erinnerungen der Frauen in dir. Du hast auch die Musik gehört, die die alten Drachinnen bewahrt haben, und sie klingt jetzt aus dir. Doch damit alle Frauen diese Musik wieder hören können, mußt du eine Frau treffen, die keine Angst vor dir hat. Die sich in dir erkennt und die mit dir den Tanz im Feuer des Glückes wagt, nach der Musik in deinem Herzen. Eine Frau, die für ihre Schwestern Menschenfrauenworte dafür finden und die mit ihrer Menschenfrauenstimme die Lieder singen kann, die du in ihr Herz legst, und die aus eurer Begegnung in ihr geboren werden.“

Ruach bekam wieder dieses Zittern, das sie immer hatte, wenn sie die Sehnsucht in sich berührte. Plötzlich war diese Begegnung so nah, so greifbar. Und doch gab es so viele Zweifel in ihr: „Wenn wir so darüber reden, sehnt sich jede Zelle in mir danach, diese Frau zu treffen. Ich spüre tausend Fäden, die zu vibrieren beginnen und an deren anderem Ende auch Sehnsucht zieht. Doch manchmal überkommen mich Zweifel, ob ich die nötige Geduld und das wahre Vertrauen habe, mich wirklich von meinen inneren Tönen lenken zu lassen – denn nur so werde ich sie finden! Dann wünsche ich mir, Myra wäre hier und würde mir helfen“, seufzte sie, „sie kann außerdem die Lieder viel besser singen und die Musik viel schöner klingen lassen, als ich.“

Ruachs Mutter, die ganz nahe an das Feuer gerückt war und doch etwas fröstelte, weil sie eigentlich größere Feuer gewöhnt war, ergriff nun das Wort: „Ich glaube, die erste Begegnung ist für dich bestimmt,

Ruachschatz. Du bist diejenige, die die besondere Kraft hat, Verbindungen zu schaffen. Vielleicht kommt Myra ja dann dazu, und ihr arbeitet gemeinsam weiter. Sicher bedarf es der Kräfte und Fähigkeiten vieler Drachinnen, den Frauen Mut zu machen, ihr vergessenes Leben zu finden und an ihre Sehnsucht, ihre Kraft und ihre Ganzheit zu glauben. Da können wir alle noch mitmachen!" meinte sie. Dann blies sie einen riesigen, hellrot leuchtenden, mit violett durchsetzten Funkenregen in den Himmel, so, daß für einen Augenblick nicht einmal mehr das Strahlen der Sterne zu sehen war.

Skylla, die vorsichtshalber ein paar Schritte zurückgegangen war, weil sie Angst hatte, sich die Flügel zu versengen, zeigte danach zum Himmel und rief: „Schaut mal, wie weit die Sterne gezogen sind. Wir haben den ganzen Abend und die halbe Nacht geredet. Jetzt rauchen mir aber die Köpfe. Und das ist für uns ja nicht so angenehm, wie für euch!" grinste sie, mit einem Kopf zu Ruach, mit dem anderen zu deren Mutter gewandt. „Ich kühl' mich mal kurz im Wasser ab. Und dann möchte ich singen!" Mit einem großen Satz sprang sie in das Meer.

Und als Charybdis auch gleich hinterher sprang, schlug das Wasser in großen, schäumenden Wellen an den Strand. Sie planschten und prusteten, schwammen und tauchten so vergnüglich im Wasser, daß Ruach sich auch noch in die Wellen stürzte. Ihre Mutter knurrte vor sich hin: „Mich kriegt keine in dieses eiskalte Wasser!", schlug ein paarmal mit den Flügeln, um warm zu werden und legte schnell ein paar große Stücke Strandholz auf das kleine Feuer, das sogleich richtig hoch aufloderte.

Ruach, im Wasser auf dem Rücken liegend, ließ sich unterdessen von den Wellen treiben und schaute in das Sternenmeer am Himmel. Sie ließ von der Mondin, die sich gerade anschickte, ihren Bogen zu vollenden, ihre Haut zum Scheinen bringen. So viel Mondlicht nahm sie in sich auf, daß die Mutter später meinte: „Du siehst so schön aus, Töchterchen! Alles um dich herum strahlt in silbernem Glanz. Es ist gut, dich mit der Kraft der Mondin zu verbinden. Sie bringt deine Kraft zum Strahlen, und sie wird dir helfen, die Frau zu dir zu ziehen, die du suchst. Nach allem, was du von deinen Träumen erzählt hast, glaube ich, daß sie gerade dabei ist, Mondstrahlen in ihrem Bauch zu sammeln, um ihr Leben darin zu wecken und wachsen zu lassen. Ich glaube, sie sucht dich auch. Nur weiß sie es noch nicht in ihrem ganzen Sein, wie du es weißt."

Bevor Ruach jedoch mehr über ihre Zweifel und Bedenken reden konnte, kamen Skylla und Charybdis fröhlich aus dem Wasser gestiegen und begannen sofort, naß, wie sie waren, ein Lied anzustimmen. Dieses Lied klang wieder anders als das, was Ruach zuvor von ihnen gehört hatte. Charybdis sang mit einer Stimme tiefe, lange Untertöne, und die anderen drei Stimmen sangen verschiedene Melodien darüber. Das Lied klang sehr alt. Es war, als erzählte es eine lange Geschichte. Eine Geschichte voller Liebe, voller Schmerzen, voller Empörung, voller Wut und voller Hoffnung. Es endete mit weichen, sehnsuchtsvollen Tönen, die keine Zweifel mehr zuließen. Ruach hatte in den Gesang eingestimmt, und alle ihre Ängste wurden hinweggeschwemmt durch die umhüllende Flut der Klänge, in der sie sich befand. Statt dessen füllte

Gewißheit ihr Innerstes, und sie wußte, sie würde es schaffen. Am Schluß sangen sie alle zusammen ein bekanntes Drachenlied. Und danach kuschelten sie sich todmüde ganz dicht zusammen und waren schon bald eingeschlafen. Nur Ruach brauchte ein bißchen länger, weil sie, wie jeden Abend vor dem Einschlafen, an Myra dachte und ihr eine gute Nacht und weise Träume wünschte. Als sie Skylla und Charybdis sah, wie sie Bauch an Bauch aneinandergeschmiegt schliefen, genau wie Myra und sie in der Zeit bei Großmutter, schlug ihr Herz schneller vor Sehnsucht, die sie auf die Reise schickte, damit sie bei Myra ankäme.

Ruach und ihre Mutter verbrachten noch mehrere Tage bei Skylla und Charybdis. Sie schwammen auf dem Meer, sonnten sich und sangen noch viele Lieder zusammen. Als die beiden Feuerdrachinnen sich dann wieder auf den Heimweg machten, verabschiedeten sie sich mit Donner und Getöse, mit Schwefelschwaden und heißen Fontänen. Ruach wußte, daß Skylla und Charybdis ihre Freundinnen geworden waren und daß sie nun zum Kreis der Drachenfrauen gehörte.

Froh und voller Zuversicht, flog sie leicht durch die sonnendurchtränkte Luft, summte eines der neuen Lieder vor sich hin, freute sich auf zu Hause und auf die nächste Reise. Und die sollte zu Myra führen!

Auf einer Insel lockt ein Feuer

Einige Wochen später machte sie sich auf den Weg, diesmal alleine. Sie war vorher so aufgeregt gewesen, daß sie die letzten Nächte kaum schlafen konnte. Sie hatte Myra Töne und viele Farben geschickt, um ihr Kommen anzukündigen und ihr ihre Liebe zu zeigen.

Die Reise war weiter, als die zu Skylla und Charybdis. Zuerst flog sie bis zum Einbruch der Dunkelheit, schlief nur kurz und startete sofort beim ersten Licht des Morgengrauens wieder. Doch bald merkte sie, wie anstrengend das Unterwegs-sein war, und daß sie es so nicht lange durchhalten würde – trotz aller Sehnsucht nach Myra.

Und so rastete sie dann einen halben Tag nach der Hälfte ihrer Wegstrecke. Irgendwo an der Küste legte sie sich auf heiße Steine in die Sonne und dachte – natürlich – an Myra.

Wie es ihr wohl jetzt erging? Wieviele Lieder sie gesammelt und erfunden hatte? Wie sie wohl mit ihrer Mutter und ihren Geschwistern lebte? Ob sie sie, Ruach, ab und zu auch vermißte? Ob sie wohl schon aufgeregt war? Ob sie sich noch immer so zärtlich lieben würden wie bei Großmutter? Oder ob sie möglicherweise in der langen Zeit, in der sie sich nicht gesehen hatten, sie ganz vergessen hatte und gar nichts mehr von ihr wissen wollte? Bei den letzten Gedanken bekam sie Bauchweh, so, daß sie entschied, besser sofort wieder loszufliegen, anstatt noch weiter ins Grübeln zu geraten.

Sie ahnte nicht, daß bald etwas geschehen würde, was sie auf ganz andere Gedanken bringen sollte.

Am fünften Tag ihrer Reise näherte sie sich einer Insel, üppig bewachsen, ein strahlend grüner Fleck inmitten der blauen See.

Als sie auf die Insel zuflog, sah sie aus deren Mitte eine dünne Rauchfahne aufsteigen. Sie wurde ganz aufgeregt. Natürlich hatte sie unterwegs schon viele Feuer gesehen, doch bei keinem war ihr so besonders zumute gewesen, wie angesichts dieser Rauchschwaden. Sie flog näher heran. Ihr Herz klopfte bis zum Hals, ihre Herzschuppen bebten. Und dann begann dieses Ziehen und Sehnen wieder, so gewaltig wie nie zuvor. Es nahm ihr beinahe den Atem. Vor Aufregung hatte sie keine Kraft mehr in ihren Flügeln, die sie kaum noch tragen konnten.

So landete sie, nicht weit von der Stelle entfernt, wo das Feuer sein mußte. Erst einmal legte sie sich flach auf die Erde und merkte dabei, wie alles an ihr zitterte. Allmählich strömte Ruhe von der Erde zu ihr, das Zittern ließ nach, und nur ihr Herz bebte weiter.

Sie schlängelte sich durch ein Gebüsch, kam in einen Wald voller singender, bunter Vögel und suchte sich dann einen Weg durch das Unterholz. Sie verfing sich immer wieder im Gestrüpp und kam nur langsam weiter. Zwischendurch wunderte sie sich selbst darüber, was sie hier tat. Warum landete sie denn hier auf einer Insel mitten im Meer und kämpfte sich durch diese Wildnis, anstatt weiter zu fliegen auf ihrem Weg zu

Myra? Sie hatte doch sonst noch nie bei irgendeinem kleinen Feuer angehalten und sich dabei so aufgeregt. Doch im Weitergehen hörte sie diesen Ton in sich, der neben dem lauten Pochen ihres Herzens zwischendurch kaum zu hören war. Und der sie doch leitete, unmißverständlich klar und keine Zweifel zulassend.

Als sie dann vorsichtig aus dem Wald schlüpfte, sah sie als erstes das Feuer. Wild und hell brannte es und sprühte hohe Funken in den abendlichen Himmel.

Ruach hörte das laute Knistern und Prasseln und dazu im gleichmäßigen Rhythmus das Trommeln von Füßen auf nackter Erde.

Hinter dem Feuer sah sie die Frau, die sich bewegte. Sie war es! Ruach erkannte sie sofort.

Ruach wagte sich nicht zu rühren und schaute ihr zu, wie sie mit dem Feuer sprach. Sie begann sich zu schütteln, als befreie sie sich von etwas. Sie schrie zum Feuer und Ruach hörte, daß sie weinte. Lauter wurden ihre Schreie und höher stoben die Flammen, die ihre Last nahmen, ihre Tränen, ihre Worte, ihre Wut.

Ruach sah, wie sie tobte und tanzte, und als sie ihr Lachen hörte, trat sie leise ein paar Schritte aus dem Gebüsch.

Li-Re blickte auf: „Du bist es, Drachin!“ sagte sie erstaunt. Ruach legte sich da, wo sie war, auf den Boden und wartete. Vorsichtig schaute sie zu der Menschenfrau hinüber.

Würde sie etwa vor Schreck davonlaufen? Würde sie gleich blaß werden, würde ihr womöglich schlecht werden? Würde sie umkippen? Ruach bekam fürchterliches Herzklopfen.

Alles hing von diesem Moment ab: Die Erfüllung ihrer Aufgabe, auf die sie sich nun schon so lange vorbereitet hatte; ihr zukünftiges Wirken; die Zukunft der Verbindung zwischen Drachinnen und Menschenfrauen. Sie war kurz davor, wieder ihren Blick abzuwenden. „Vielleicht war es einfach zu früh für eine Begegnung", dachte sie, voller Angst.

Doch dann bemerkte sie, daß die Frau die ganze Zeit zu ihr herüber sah. Sie nahm allen Mut zusammen und erwiderte ihren Blick.

„Willkommen, Drachenfrau", sagte Li-Re und lächelte zu ihr herüber.

In diesem Augenblick löste sich Ruachs Angst auf. Nun schaute auch sie die Menschenfrau offen an, ließ ihre Drachenaugen leuchten. „Willkommen, Li-Re", sagte Ruach und ihre Drachen- und Menschenaugen erkannten einander und brachten Funken zum Zünden.

„Du siehst tatsächlich wie in meinen Träumen aus", sagte Li-Re.

Ruach schlängelte sich vorsichtig ein Stück näher. „Ein Glück, daß ich dir da öfters schon begegnet bin, sonst würde ich jetzt vor Schreck davonrennen!" meinte Li-Re etwas unsicher. „Als du zum ersten Mal in meinem Traum auftauchtest, bin ich weggelaufen, so schnell ich konnte!"

Doch sie blieb sitzen und wandte kein Auge von Ruach, in ihrem Gesicht eine Mischung von Erstaunen, etwas Furcht und großer Neugierde.

Ruach wagte sich noch ein paar Schritte näher und streckte sich neben dem Feuer aus. Ihre Schuppen schimmerten in sanftem Grün, die Flammen malten helles Gold auf ihre Flügel. Ruach breitete sie aus und bewegte sie ein paarmal leicht, um dem Feuer Luft zu geben. Hell schlugen die Flammen zum Himmel und ließen Li-Res Augen glänzen. „Schön bist du, Drachin, so schön!" sagte sie.

Ruach schaute zu ihr hinüber, betrachtete ihre braune Haut und ihre zerzausten, dunklen Haare. „Was für ein zartes Wesen, verglichen mit einer Drachin, und mit so empfindlicher Haut", dachte sie. Doch aus Li-Re strahlte Stärke, Entschlossenheit und Kraft.

„Auch ich habe von dir geträumt", sagte Ruach, „damals hast du gesagt, daß du Zeit brauchst, daß du dabei bist, in deinen Tiefen die zu suchen, die du bist."

„Ja, das stimmt, Ruach", antwortete Li-Re. „Es ist ein langer Weg, und ich stoße auf viele alte Wunden und Narben. Sie fangen wieder an zu brennen, wenn ich ihnen nahe komme.

Und ich bin einer Kraft auf der Spur, die sich in meiner Verzweiflung und in meiner Wut verborgen hat, wie vorhin, als du kamst. Das Feuer hilft mir, meine Wut zu rufen. Sie kommt aus ihren Verstecken, in denen sie seit Urzeiten sitzt, grollend, fauchend und brüllend. Ich lasse mich toben und stampfe die Erde. Ich höre Schreie und es sind meine. Und dann verwandelt sich meine Wut wie durch einen Zauber, und freut sich über die Luft, die sie bekommt. Und ich freue mich an der Kraft, die in ihr steckt. Sie sprüht Feuer für mich und schlägt Funken. Sie lacht noch lauter, als sie zuvor getobt hat. Ich kann nicht anders als tanzen mit ihr.

So sammele ich die Wut zu meiner Kraft und gebe ihr neue Namen. Sie heißt dann: „Lebenslust, Freude am Erschaffen, Übermut und Begehren!"

Ruach hatte die ganze Zeit still zugehört und dabei ein Licht in ihrem Herzen wachsen sehen.

Sie legte noch ein paar trockene Äste auf das Feuer. Mit den auflodernden Flammen loderte auch ihre Freude auf.

„Deine Wut wird zur Drachin", lachte sie. Dabei ließ sie ihre Augen funkeln und glühen mit der ganzen Drachenfraukraft, die in ihr lebendig war.

„Vielleicht hast du recht, Ruach. Manchmal ist es mir, als glitten Schlangen meinen Körper entlang. Meine Haut verändert sich, und es kitzelt mir zwischen den Schulterblättern, als sollten mir Flügel wachsen. Deine glänzende Haut ist mir so vertraut, Drachin! Dabei sind wir uns doch gerade erst begegnet." Sie stand auf und bewegte sich langsam auf Ruach zu. Klein und aufrecht stand sie vor ihr, hob ihre Hand und berührte vorsichtig und sanft Ruachs Haut. Von ihrer glatten Hand kam Wärme, die Ruachs Haut zu durchstrahlen begann und sich bis in ihr Innerstes ausbreitete. Li-Res Körper begann sich zu bewegen, wie von weichen Wellen ins Schwingen gebracht. Während Ruach dem Tanz zusah, hörte sie die Musik. Zuerst kam sie von weit her, ganz leise, wurde in Wellen lauter. Sie strömte aus den Bewegungen der Frau und gleichzeitig aus Ruachs Erinnerung. Ihre Klänge waren so tief, daß sie auch Ruachs Körper erfaßten und ihn aus ihrer Mitte schwingen ließ im gleichen Rhythmus, in dem Li-Re tanzte.

So bewegten sich ihre Körper aufeinander zu, berührten sich sanft, um sich wieder voneinander zu lösen, sich wieder zu finden. Ruach spürte Li-Res Atem und er war – zu ihrem Erstaunen – so heiß, wie ihr eigener. Noch näher wollte sie ihr sein. Dieses besondere Brennen in ihr, das bis jetzt nur in ihr, wenn sie mit sich allein oder mit Myra zusammen war, geweckt wurde, breitete sich in ihr aus und ließ sie Li-Res Haut suchen. Die Lavaströme, die durch sie rannen, machten nicht Halt an ihrer eigenen Haut, sondern fluteten weiter durch Li-Res Körper, bis zu deren Mitte, wo sie den Feuersee von Li-Re trafen und lockten, der wie heißes, flüssiges Gold in alle Richtungen floß und mit Ruachs Hitze verschmolz.

„Ruach, ich brenne“, seufzte Li-Re leise, „die wohltuendste Hitze, die ich je gefühlt habe, das Lebensfeuer der Erde und aller Gestirne in mir!“ Sie begann zu lachen, lachte Ruach in die Augen, das Lachen flammte über ihr ganzes Gesicht.

Ihre Körper schwangen voller Kraft, die Musik klang voller Begehren, und Ruach wurde zur hellsten Flamme, die eine Drachin je gesehen hat. Es war nicht mehr nur ihr Feuer, das brannte, sondern das Feuer von Generationen von Drachinnen vor ihr. Sie war sie selbst und noch viel mehr. Es war die Liebe vieler, die glühte. Sie legte ihren Flügel sanft um den Körper von Li-Re, und zu ihrem Erstaunen sah sie nun sich selbst mit Frauenhänden Li-Res Haut streicheln. Sie berührte weiche Schuppen an deren Rücken und spürte Pochen unter Li-Res Schulterblättern, wo Flügel anfingen zu wachsen. „War Li-Re größer oder war sie selbst kleiner geworden?“ fragte sie sich, als ihre Brüste und Bäuche sich berührten, glatt und voller Leben. Ihr Drachenatem strömte zusammen und ihre Frauenhände suchten sich, gaben Geschenke, weckten Seufzer, Freude, Glück und Lachen und stillten Sehnsucht, die so alt war, wie die Geschichte der Frauen und Drachinnen zusammen.

Später saßen sie nebeneinander am Feuer, sahen sich in die Augen, in denen sich Glück traf, und staunten über das Wunder ihrer Begegnung. Das Feuer brannte ruhig und groß und ließ Ruachs Haut glänzen, die allmählich wieder Schuppen bekam, während die von Li-Re wieder glatte, weiche Frauenhaut wurde.

Plötzlich fiel Ruach etwas ein. „Beinahe hätte ich es vergessen", erinnerte sie sich an ihren Auftrag und suchte unter ihren goldenglänzenden Herzschuppen nach dem Ring. „Da ist er", tönte sie erleichtert, „ich hatte schon Angst, er hätte sich vielleicht auch verwandelt in unserer Hitze. Hier, nimm ihn!" Sie schob den Ring zu Li-Re. „Den habe ich die ganze Zeit gehütet, davor war er im Schutz meiner Mutter, deren Mutter und vieler anderer Drachinnen!" meinte sie und beobachtete, wie Li-Re den Ring über den Finger streifte. „Er paßt tatsächlich", sagte sie erfreut. Li-Re betrachtete den feinen Goldring im Schein des Feuers. „Alt ist er, sehr alt", sagte sie.

„Ja, es war vor sehr langer Zeit, daß eine junge Frau ihn einer Drachin in Gewahr gegeben hat für die Menschenfrau in unserer Zeit, die es wagt, mit einer Drachin zu tanzen!"

Li-Re hatte Tränen in den Augen, als sie sich bei Ruach und gleichzeitig bei vielen anderen Drachen bedankte.

Während sie den Ring vom Finger zog, ihn befühlte, drehte und ihn dann wieder über den Finger streifte, versuchte sie, sich die Frau der alten Zeit vorzustellen.

„Wie sieht sie aus, Ruach, hast du sie schon einmal in deinen Träumen gesehen?“

„Als ich sie im Kristall gesehen habe, hatte sie langes, rotes Haar, trug ein Band um den Kopf und war bekleidet mit einem weißen Gewand mit vielen farbigen Bändern. Ihr Herz sprach direkt aus ihren Augen, und sie war umgeben von strömenden lichten Farben.

Sie lachte genau wie du lachst, ja, obwohl ihr verschieden ausseht – sie so groß, du so dunkel und klein – habt ihr doch etwas Gemeinsames. Wenn ihr lacht, seht ihr aus wie Seelenschwestern. Im zeitlosen Tanz der Verbindungen habt ihr nebeneinander getanzt. Wenn du hinter die Zeit sehen wirst, begegnest du ihr vielleicht auch einmal. Ich glaube, sie wußte, daß du es sein würdest, die den Ring wieder trägt!“

„Ein Erbe“, sagte Li-Re, und in ihrer Stimme schwang Angst und Hoffnung gleichzeitig.

„Ich hoffe, ich bin ihm gewachsen. Nicht immer bin ich so klar und voller Kraft, wie im Augenblick.“

„Ich glaube, das macht nichts, Li-Re“, sagte Ruach zärtlich, „auch deine Angst führt dich zu dir. Wenn du die Angst umarmst, kann sie dir auch sagen, warum sie für dich da ist und kann dir das Geheimnis ihrer Verwandlung anvertrauen. Liebe dich.“ sagte Ruach und ihre Stimme klang weich und sicher aus ihrem Bauch: „Liebe dich, Li-Re, dann bist du geborgen für immer, und dann wächst du in deine Kraft, unwiderruflich!“

Sie saßen noch lange am Feuer, verwoben ihre Geschichten miteinander und schwiegen danach zusammen in die Nacht, bis ihr Atem gleich schwang. Ihre gemeinsame Kraft breitete sich aus durch die weite Dunkelheit, und die Sterne antworteten ihnen mit funkelnden Strahlen und ewigen Tönen und sangen sie damit in den Schlaf.

Am nächsten Morgen nahm Ruach Li-Re auf ihren Rücken zum ersten gemeinsamen Flug.

Li-Re quietschte und schrie, während sie auf Ruach kletterte. „Ah, ich habe solche Angst“, rief sie, „und wenn ich nun runterfalle?“ „Trau dich“, sagte Ruach, „komm!“, und sie breitete ihre glänzenden, starken Flügel aus. Ganz vorsichtig hob sie ab, schlug so wenig wie möglich mit ihren Flügeln, und flog nur ganz langsam höher. Li-Re klammerte sich an ihrem Hals fest, und zwar so, daß Ruach beinahe Schwierigkeiten beim Atmen bekam. Sie schrie noch immer in einer Mischung aus Angst und Freude. Plötzlich hörte Ruach sie auf ihrem Rücken lachen, Li-Re hüpfte auf ihr auf und ab, und Ruach mußte sich sehr konzentrieren, um den runden, liebevollen Bogen weiter zu ziehen, auf dem sie Li-Re auf ihrem ersten Flug tragen wollte.

Nun fing Li-Re auch noch an, zu singen. „Wie schön“, sang sie ihr ins Ohr, „wie schön!“ und streichelte dabei Ruachs Nacken. Ruach lächelte die ganze Zeit, während sie einen großen Kreis über die Insel flog und ein kleines Stück über das offene Meer. Sie wußte, Li-Re saß aufrecht und stolz auf ihrem Rücken, ihre Haare waren zerzaust vom Wind. Sie war glücklich.

Als sie zum Himmel blickte, sah sie, daß sie rosa Wölkchen geblasen hatte, die langsam mit ihnen weiter schwebten.

Die Tage, die sie zusammen auf der Insel blieben,

waren Zaubertage und Zaubernächte, in denen die Zeit vor Glück sprühte, zu Ewigkeiten wurde. In denen sie durch ihre Tiefen und Höhen wirbelten und zwischen sich ein jahrtausendealtes Band wachsen ließen.

Sie wechselten noch öfters ihre Häute, ließen Drachenhaut zu Frauenhaut und Frauenseele zu Drachenseele werden, liebten sich auf Drachen- und auf Frauenart, schöpften aus ihrer gemeinsamen Tiefe, bis tatsächlich Li-Re mit heller klarer Stimme das erste Drachenlied in Frauenworten sang, das sie eines nachts aus Ruachs Herzen hatte klingen hören.

„Jetzt kann ich zu Myra fliegen", rief Ruach „und ihr erzählen, daß es eine Frau gibt, die Drachenlieder singt. Sie wird gleich zwei Saltos fliegen und fünf Feuerregen sprühen bei dieser Neuigkeit. Und wahrscheinlich muß ich dann die ganze Zeit, die wir zusammen sind, unzählige Drachenlieder lernen, um sie dir beizubringen. Ach, am besten, sie kommt auf dem Rückflug gleich mit und singt sie dir selbst vor. Dann können wir auch gleich den nächsten gemeinsamen großen Flug planen, Li-Re. Vielleicht zu dem alten Tempel der Frauen oder ins Land der Höhlen. Vielleicht auch zu Skylla und Charybdis. Ich möchte dir so viel zeigen!" sagte sie aufgeregt und berührte Li-Re. „Fliegen, wieder fliegen", sagte Li-Re mit einem glücklichen Lächeln und vor Erwartung glänzenden Augen.

Als Ruach weiterflog, verabschiedeten sie sich nicht für lange. Doch es war nicht leicht, ihre Häute und ihre Augen voneinander zu lösen.

Aber ihre Herzen blieben durch einen hellen, feinen Faden verbunden, das spürte Li-Re, als sie alleine zurück blieb auf der Insel, die sie sich gesucht hatte, um ihrer Kraft zu trauen.

Sie fühlte ihre Kraft pochen, laut und langsam. Es nahm ihr beinahe den Atem, zu fühlen, wie weit sie reichte, aus welcher Tiefe sie kam, wie stark sie den Raum durchwirkte. „Das bin ich", sagte sie zu sich selbst, und Ruhe erfüllte sie, schwappte über sie hinaus, floß bis zum Meer, verband sich mit ihm und strömte, in endlosen Wellen, weiter um die Erde. Li-Res Kraft und ihre Ruhe begegneten anderen Kräften, mit denen sie zusammen sangen und an Heilung webten.

Das Ende der Geschichte

Und damit hört die Geschichte über die Drachin Ruach auf. Natürlich ist ihre eigene noch lange nicht zu Ende.

Es gäbe noch viel zu erzählen, darüber, wie Ruach Myra wiedersah und wieder liebte, wie sie zusammen mit der Kraft der Töne und der Kraft der Verbindungen den Frauen zur Erinnerung verhalfen. Und von den alljährlichen Treffen der Drachenfrauen, an denen Li-Re als erste Menschenfrau teilnahm und wie es davon immer mehr wurden.

Oder, wie Skylla und Charybdis erlebten, daß Schiffe mit Frauen bei ihnen vorbeifuhren, anhielten und ihren Gesängen zuhörten.

Es gäbe viele ergreifende, aufregende und schöne Geschichten zu erzählen, von der Zeit, die dann folgte. Einer bewegten Zeit, in der die Erde ihre Reinigung begann und die Sehnsucht nach Glück, Freiheit und Verbindung bei den Frauen aufbrach und sich einen Weg in die Zukunft bahnte.

Vielleicht wird eines Tages diese Geschichte hier weiter erzählt, von irgendeiner, deren Haut manchmal Schuppen bekommt, oder von einer, deren Atem zu besonderen Zeiten nach Schwefel riecht, oder von einer, aus deren Sehnsucht schon mal Flügel gewachsen sind, oder von einer anderen, die sich schon selbst schreien hörte nach ihrer alten Kraft.

Auf jeden Fall ist ein Anfang gemacht ...

ENDE

Die Autorin

Saheta Susanne Weik, Jahrgang 1951, ist Pädagogin, Heilpraktikerin für Psychotherapie und freie Schriftstellerin. Sie lebt in Nordhessen.
Ein Jahrzehnt ihres Lebens verbrachte sie in Frauengemeinschaften im Ausland, nahe der Natur. Die Geschichten über Ruach sind in dieser Zeit in Südfrankreich entstanden.

In ihrer psychotherapeutischen Arbeit begleitet sie einzelne Frauen und sie leitet Gruppen, in denen es unter anderem um die Begegnung mit dem Inneren Kind und die Heilung unserer Frauenkraft geht. Zu diesen Themen entwickelte sie eine Reihe von Hörkassetten zur Selbstheilungsarbeit. (Informationen dazu sind über den Verlag zu bekommen.)

Die Künstlerin

Kima Andrea Truzenberger, Jahrgang 1957, ist Diplomkunsttherapeutin, Biographieberaterin, Heilpraktikerin für Psychotherapie in eigener Praxis und freie Künstlerin in Bremen. Sie lebte einige Jahre ein naturnahes Leben in Südfrankreich.

Sie illustrierte den we'moon Almanach 1985, initiierte das offene FrauenAtelierProjekt »Buntes Tor« in Bremen, veranstaltete eigene und beteiligte sich an Ausstellungen. Sie begleitet und unterstützt Frauen und Mädchen in Gruppen- und Einzelarbeit im Prozeß der kreativen Selbstfindung.

Weitere Titel im Christel Göttert Verlag

Die Trödelprinzessin Zilly Zeitlos
Ein modernes Märchen für Kinder und Erwachsene
Von Katharina Müller-Butzbach. Mit Illustrationen von Faran Arani
ISBN 3-922499-26-0

Der weibliche Faden – *Geschichte weitergereicht*
Von Birgitta M. Schulte
ISBN 3-922499-23-6

Bei den Steinen angekommen / *Aux pierres de mon départ*
Eva-Gesine Wegner als Bildhauerin im Dialog mit Camille Claudel
ISBN 3-922499-32-5, Zweisprachige Ausgabe

Kochbilderbuch für weibliche Lebenskunst
gemalt und erzählt von Lena Vandrey
ISBN 3-922499-33-3

Mit Mut und Phantasie
Frauen suchen ihre verlorene Geschichte
Hrsg. von Helma Mirus und Erika Wisselinck
ISBN 3-922499-37-6, Neuauflage 1999

Liebe zur Freiheit, Hunger nach Sinn
Flugschrift über Weiberwirtschaft und den Anfang der Politik
Von Ulrike Wagener, Dorothee Markert, Antje Schrupp und Andrea Günter
ISBN 3-922499-36-8

Interessiert Sie unser Gesamtprogramm? Wir schicken es Ihnen gerne zu – Sie können uns auch im Internet besuchen oder eine e-mail schicken:

Christel Göttert Verlag, Keplerring 13, 65428 Rüsselsheim
www.christel-goettert-verlag.de /info@christel-goettert-verlag.de